日本电气用品安全法令实施指南及应对方略

——日本PSE认证解析

中国质量认证中心　编著

中国质检出版社
中国标准出版社
北　京

图书在版编目(CIP)数据

日本电气用品安全法令实施指南及应对方略：日本 PSE 认证解析/中国质量认证中心编著．—北京：中国质检出版社，2014.1

ISBN 978-7-5026-3920-4

Ⅰ.①日… Ⅱ.①中… Ⅲ.①电气设备—安全法规—研究—日本 Ⅳ.①D931.322.9

中国版本图书馆 CIP 数据核字(2013)第 270555 号

内 容 提 要

本书共分 5 章，第一章概述了日本市场准入制度与日本市场产品监管的基本情况；第二章介绍了日本电气用品安全管理的法律法规，重点介绍了日本产品安全管理的法律体系、日本电气用品管理制度的沿革、日本电气用品系列法规和电气用品管理的有关规定；第三章介绍了日本电气用品合格评定 PSE 认证，重点介绍了合格评定的方法 PSE 认证制度、合格评定的对象电气用品的分类及解释、电气用品 PSE 认证的获取；第四章是电气用品的对日出口，重点介绍了电气用品出口流程、制造商和出口商须知以及事业申报；第五章是本书的重点，针对各类电气用品适用标准进行解读及案例分析，涉及交流用电气机械器具、便携发电机组、熔断器、电热器具、电动力应用机械器具、配线器具、电线电缆、电子应用机械器具、变压器、镇流器、LED 球泡灯及灯具。还系统介绍了目前认证机构开展日本电气用品强制性认证的情况，针对企业普遍关注的基本认证流程、申请资料和工厂检查要求也进行了讲解，可指导企业更便捷地获得产品出口的“通行证”。

本书适合广大电气用品生产企业研究和摸索国外电气用品管理系统运作方式和经验，及应对技术壁垒的之用，也可供相关认证认可人员参考。

中国质检出版社
中国标准出版社 出版发行

北京市朝阳区和平里西街甲 2 号(100013)

北京市西城区三里河北街 16 号(100045)

网址：www.spc.net.cn

总编室：(010)64275323　发行中心：(010)51780235

读者服务部：(010)68523946

中国标准出版社秦皇岛印刷厂印刷

各地新华书店经销

*

开本 787×1092　1/16　印张 13.5　字数 313 千字

2014 年 1 月第一版　2014 年 1 月第一次印刷

*

定价　96.00　元

编委会

特别感谢单位：

- 国家认证认可监督管理委员会
- 威凯检测技术有限公司
- 中国家用电器研究院（中国家用电器检测所）
- 广东产品质量监督检验研究院（国家质量技术监督局广州电气安全检验所）
- 上海电器设备检测所
- 宁波出入境检验检疫局检验检疫技术中心汽车零部件检测中心（宁波汽车零部件检测有限公司）
- 中国赛宝实验室
- 福建省产品质量检验研究院
- 上海市质量监督检验技术研究院·电子电器家用电器质量检验所
- 国家广播电视产品质量监督检验中心（北京泰瑞特检测技术服务有限责任公司）
- 香港标准及检定中心

前言

PREFACE

2001年4月1日起，日本“电气用品取缔法(DENTORI)”正式更名为“电气用品安全法(DENAE)”，统一使用PSE标志。PSE(Product Safety of Electrical Appliance & Materials)在日本称为“适合性检查”，是日本电气用品的强制性市场准入制度，是日本《电气用品安全法》中规定的一项重要内容。

根据日本《电气用品安全法》规定，电气用品分为“特定电气用品”和“非特定电气用品”，其中“特定电气用品”包括116种产品；“非特定电气用品”包括341种产品。需满足安全和EMC两部分要求。日本电气用品的合格评定程序针对非特定电气用品，采用申报人自主评定及自我声明。针对特定电气用品，除申报人要进行自主检查以外，还要求申报人必须采用委托第三方机构评价的方式，即通过日本经济产业省授权的第三方认证机构认证，取得认证合格证书，并在标签上加施认证机构和菱形PSE标志。

2007年4月23日，日本经济产业省第129号公告发布，由日本经产省大臣签署命令，正式授权中国质量认证中心(英文缩写CQC)承担日本PSE强制性产品认证，CQC成为中国境内唯一获日本政府PSE认证授权的国外认证机构。2012年4月6日再次获得扩项授权。截至目前，CQC获得授权的产品范围覆盖了“特定电气用品”领域的所有十大类产品。

据中国海关统计，2011年，中日双边贸易总值为3428.9亿美元，同比增长15.1%。其中，我国对日本出口1483亿美元，同比增长22.5%；从日本进口1945.9亿美元，同比增长10.1%；对日本贸易逆差为462.9亿美元。随着日本国内经济下滑等多因素影响，2012年中日贸易下降3.9%。其中我对日本出口仅增长了2.3%，自日本的进口下降了8.6%。目前日本作为我国的第五大贸易伙伴，日本国内市场依然吸引着众多电气用品制造商的注意力。

中国质量认证中心开展PSE认证已经进入了第6个年头，随着PSE技术标准的调整，许多技术要求都发生了变化，为了让制造商和相关从业人员了解日本PSE认证的要求，消除理解上的误区和偏差，中国质量认证中心国际部牵头中国国内的“PSE签约实验室”编写了本书。

本书共分5章，第一章概述了日本市场准入制度与日本市场产品监管的基本情况；第二章介绍了日本电气用品安全管理的法律法规，重点介绍了日本产品安全管理的法律体系、日本电气用品管理制度的沿革、日本电气用品系列法规和电气用品管理的有关规定；第三章介绍了日本电气用品合格评定PSE认证，重点介绍了合格评定的方法PSE认证制度、合格评定的对象——电气用品的分类及解释、电气用品PSE认证的获取；第四章是电气用品的对日出口，重点介绍了电气用品出口流程、制造商和出口商须知以及事业申报；第五章针对各类电气用品适用标准进行解读及案例分析，涉及交流用电气机械器具、便携发电机组、熔断器、电热器具、电动力应用机械器具、配线器具、电线电缆、电子应用机械器具、变压器、镇流器、LED球泡灯及灯具。

中国企业在面对日本有关合格评定制度时，首先应全面、正确地掌握日本政府的相关法律及其附属的法规要求，同时还要了解产品技术条件和办理相关手续的程序要求，这些都是构成整个日本政府对于电气用品管理制度的基础性知识。然而，对于国内大多数企业而言，普遍缺乏对日本电气用品市场准入要求的深入了解和实践，一般多数企业是靠自我摸索和研究以应对其技术壁垒，因此需要提供这方面的书籍加以指导。

鉴于电气用品涉及种类众多，具体的技术标准千差万别，本书也只能提供和介绍基本的技术要求和示例，根据这些解读和案例，使企业能够正确地理解日本电气用品市场准入要求，并可以有效地突破技术壁垒，制定出适合自身特点的应对方案。

此外，本书还系统介绍了目前认证机构开展日本电气用品强制性认证的情况，针对企业普遍关注的基本认证流程、申请资料和工厂检查要求也进行了详细介绍，以指导企业更便捷地获得产品出口的“通行证”。

本书编者来自中国质量认证中心和PSE相关检测机构，都是从事PSE认证和检测的一线技术专家，他们具有多年的国际认证工作以及产品检测经历，对于日本的产品监管制度进行了长期研究，积累了丰富的案例和经验。多年的理论学习和实际案例检测是保证本书质量最好的基础。本书力求把最新、最全面的资料奉献给广大读者，在目前国内研究日本电气用品技术壁垒的领域内，是专业性和实用性最强，信息量最大，最具权威性的工具书之一。

本书从主题规划、框架设计、资料收集、整理翻译、专题研究、咨询讨论等，一直到完稿，得到了多方面的大力支持和帮助。在此，向中国质量认证中心、威凯检测技术有限公司、中国家用电器研究院、广东产品质量监督检验研究院、上海电器设备检测所、宁波出入境检验检疫局检验检疫技术中心汽车零部件检测中心等单位诸多技术专家表示感谢。另外在该书的编写中参阅了许多专家的资料，在此致以崇高的敬意。

由于本书的内容涉及面广，不仅包括法律法规层面，也包括产品技术层面，甚至有些产品还涉及中日两国的市场差异(如有些产品的某些规格或功能我国产品没有)。我们会根据日本法规及最新变化，不断加以补充修订。

编 著 者

2013 年 8 月

目录

CONTENTS

第一章

日本市场准入和产品监管

第一节　日本市场的准入制度

一、概述

市场准入制度是指一国允许外国的货物、劳务与资本参与国内市场的程度，是国家通过实施各种法律和规章制度对本国市场向外开放程度的一种宏观控制，体现一国法律精神。此原则允许缔约方根据发展水平，在一定的期限内，逐步开放市场，最终实现贸易自由化。

日本的市场准入制度主要通过技术标准与法规、合格评定程序与产品认证制度、产品检验和绿色技术标准等多方面来实施。

二、日本的技术法规与标准

日本政府制定各种技术法规，如《电气用品安全法》、《消费生活用品安全法》、《食品卫生法》、《药事法》、《蚕丝法》等对进入市场的商品实行严格管制。这些技术法规的内容主要包括受管制产品的基本技术要求、产品在市场中流通所需要履行的各种手续以及各实施方的责权利等。

日本现行标准包括：工业标准(JIS)、农林标准(JAS)以及行业标准等。

1. 工业标准(JIS)

依据《工业标准法》，日本制定了《日本工业规格 JIS》和《JIS 标记制度》，从而形成了工业领域的 JIS 标准体系。目前，JIS 标准体系涉及机械、电气、汽车、铁路、船舶、冶金、化工、纺织、矿山等几十个行业。

为了保护消费者的利益，确保产品安全与卫生，防止发生公害、灾害等情况，日本政府规定被列为 JIS 对象的产品必须加施 JIS 标志，以证明产品符合 JIS 标准要求。设在经济产业省工业技术院的日本工业标准调查会全面承担 JIS 标准的制定、修改、确认、废除以及审议被指定为 JIS 标记的品种等职能，并同时负责对厂商是否可以使用 JIS 标记进行审批。当企业生产指定产品时，需要向日本工业标准调查会提出使用 JIS 标记的申请，并由该调查会对工厂的技术、生产条件等情况进行审查，根据审查的结果考虑是否批准厂商使用 JIS 标记。以往对工厂的审查是由政府机构来进行，自从修改了标准化法之后，授权的行业协会和专业团体也可以对提出申请的工厂进行审查。

2. 农林标准(JAS)

日本的农林标准(JAS)是由具有消费、流通、生产经验的各界代表组成的农林产品标准调查会来制定，JAS 标准的执行包括对企业进行认定和对产品加施标记等。

农林水产消费技术中心负责 JAS 标准规定的具体管理业务。例如，对上市销售产品进行调查和登记定级，判定加施 JAS 标记的产品是否真正符合 JAS 规定。同时，还要对认定企业的质量管理状况、登记定级机构和企业的定级业务进行调查。

在通过 JAS 认定的企业里，需要使用 JAS 制定的标准对企业实施管理，以确保产品质量的可靠性。认定企业生产出来的产品在进行抽样检测合格后获得 JAS 标记。对于取得 JAS 标记的产品，在通过登记定级机构的核查，确实符合 JAS 标准后方可陈列其产品。对于不合格的产品，将取消其获得的 JAS 标记资格。

以往的 JAS 制度只针对加工食品、林产品等，而对采用其他特殊生产方法和具有特色原料生产出来的产品却无明确规定。为了对消费者和生产厂家负责，JAS 制度于 1996 年 12 月制定了第一个特定 JAS 标准，1999 年 6 月又对“本地鸡肉”制定了特定 JAS 标准。

3. 日本行业标准

日本众多行业协会、专业团体等也制定了很多行业标准，原则上只适用于该团体内部成员。如日本电机工业会 JEM 规格，汽车技术会 JASO 规格以及日本电磁干扰控制委员会 VCCI 认证等。

三、合格评定程序与产品质量认证制度

WTO 的《TBT 协定》(技术性贸易壁垒协定)对合格评定程序的定义为：任何直接或间接用于确定是否满足技术法规或标准有关要求的程序。特别包括抽样、检验和检查；评估、验证和合格保证；注册、认可和批准以及各项的组合。

合格评定程序一般由认证、认可和相互承认组成，其中对产品的合格评定影响较大的是第三方认证。日本政府主导合格评定程序和产品质量认证的管理工作，凡进入日本市场的各种商品，日本政府将对该产品在日本国内的生产、消费、需求领域做动向调查，并由商品流通业界做定性分析。只有安全性、环保性等符合日本相关法律法规规定的产品才能获准进入日本市场。

日本质量认证管理体制施行的是政府宏观调控管理，各部门分别管辖的模式，即各部门对其管辖的具体产品实行各自的质量认证制度，并分别使用各自设计和发布的认证标志。日本最主要的质量认证管理部门是经济产业省，其推行强制性和自愿性两类产品认证制度。

强制性认证制度是以法律的形式颁布执行，主要指商品在质量、形状、尺寸和检验方法上均须满足其特定的标准，否则就不能在日本制造与销售，其认证产品主要有消费品、电气产品、液化石油器具和煤气用具等。

自愿性认证制度主要是指产品不属于强制性认证产品范畴，企业可以自愿选择是否

进行认证。获得认证证书可以证明产品的某种特性达到了认证要求，但是不获得证书的产品在制造、销售等环节也不受政府的限制。日本的主要自愿性认证是JIS标志认证，分为两种标志图案：一种是用于产品的JIS标志，表示该产品符合日本有关的产品标准。另一种是用于加工技术的JIS标志，表示该产品所用的加工方法符合日本工业标准的要求。

日本目前现行的认证制度，包括适用于电气用品的“PSE”认证制度，适用于玩具的“ST”认证制度，适用于婴幼儿及老年用品、家庭用品、运动休闲等产品的“SG”认证制度等。

本书内容主要立足于日本电气用品的“PSE”认证制度而展开，对日本电气产品的市场准入要求及合格评定程序进行研究，并重点对《日本电气用品安全法》进行详细的解读与分析。

四、产品检验

市场准入的其中一个重要手段就是产品检验。例如，日本要求某些产品必须进行产品检验，但是对于不同时间进口的同种商品，每一次进口都要有一个检验过程，而对本国同类商品，只需一次性对生产厂家做检验即可。

再例如，水产品。从1991年起，日本开始对进口水产品实施外国厂商注册制度。日本政府规定，进口商在进口水产品时，必须事先将进口水产品的产品名称、数量报告给厚生省，然后由政府的检验机构或厚生省授权指定的实验室（1989年共授权57家）检验合格后方能通关。检测项目包括微生物、农兽药残留及大肠肝菌等共计近30个，通关手续也较繁琐。

在卫生检疫制度方面，日本对食品的安全卫生指标日趋严格，尤其体现在农药残留、重金属含量等指标。

五、绿色技术标准

日本政府针对进入日本市场的产品，首先通过立法手段制定严格的绿色技术标准，对国外产品的进入限制性很强；其次利用环境标志对产品进行严格监管。环境标志不仅要求产品质量达标，而且要求产品生产、销售、运输、消费的全过程都要有利于环境，对人体健康无害。在包装制度方面，要求产品包装必须可回收且不能对环境产生污染。在产品的循环利用方面，对于电视、冰箱、空调、洗衣机和冰柜这5种家电产品，依照日本《特定家庭用电气再生法》的要求，制造者或进口商有义务进行回收和再利用的相关工作。

第二节　日本市场的产品监管

产品进入日本市场前，应按照产品合格评定以及产品检验的要求获得相应的证明，并通过产品检验。产品类别主要包括消费品、工业品、食品/农产品三大类，主要法律法规及主管部门如表1-1所示。

表 1-1 日本产品管理主要法律法规

序号	法律法规名称	主管部门	网站
1	关税法	海关	http://www.customs.go.jp/
2	关税定率法	海关	http://www.customs.go.jp/
3	植物防疫法	农林水产省消费安全局	http://www.maff.go.jp/
4	动物防疫法	农林水产省消费安全局	http://www.maff.go.jp/
5	食品卫生法	厚生劳动省医药食品局	http://www.mhlw.go.jp/
6	关于农林物资的规格化及品质标示的合理化的法律(JAS法)	农林水产省消费安全局	http://www.maff.go.jp/
7	关税暂定措施法	海关	http://www.customs.go.jp/
8	药事法	厚生劳动省医药食品局	http://www.mhlw.go.jp/
9	高压瓦斯保安法	经济产业省能源资源厅	http://www.enecho.meti.go.jp/
10	关于合理使用能源的法律(节能法)	经济产业省资源能源厅	http://www.meti.go.jp/
11	电气用品安全法	经济产业省商务情报政策局	http://www.meti.go.jp/
12	家庭用品品质表示法	经济产业省商务情报政策局	http://www.meti.go.jp/
13	电波法	总务省综合通信基础局	http://www.soumu.go.jp/
14	自来水管道法	厚生劳动省健康局	http://www.mhlw.go.jp/
15	建筑基准法	国土交通省住宅局	http://www.mlit.go.jp/
16	特定家庭用机器再商品化法(家电再利用法)	经济产业省商务情报政策局	http://www.meti.go.jp/
17	非正常赠品及不正当标示防止法(赠品标示法)	公正贸易委员会经济贸易局	http://www.jftc.go.jp/

一、消费品的管理

消费品通常为普通消费者可直接使用的产品,使用一般消费品不需要专业的知识和培训。日本消费品的分类见表 1-2,包括日常衣、住、行等主要产品。

表 1-2 日本消费品分类

第一类 毛皮和毛皮产品	第二类 服饰	第三类 丝绸服饰
第四类 短袜和长袜	第五类 皮鞋	第六类 箱包
第七类 珠宝	第八类 钟表	第九类 太阳镜
第十类 伞具	第十一类 打火机	第十二类 海上运动器材
第十三类 钓具	第十四类 登山和野营器材	第十五类 滑雪器材
第十六类 滑冰器材	第十七类 高尔夫器材	第十八类 健身器材
第十九类 运动鞋	第二十类 游戏器具	第二十一类 玩具
第二十二类 填充动物	第二十三类 玩具烟花	第二十四类 地毯
第二十五类 壁纸	第二十六类 窗帘	第二十七类 被褥
第二十八类 家用纺织品	第二十九类 家具	第三十类 家用电器
第三十一类 电话机	第三十二类 音响设备	第三十三类 电池
第三十四类 个人计算机	第三十五类 陶瓷器具	第三十六类 玻璃器皿
第三十七类 家用刃具	第三十八类 衡器	第三十九类 家用药物
第四十类 化妆品	第四十一类 乐器	第四十二类 书籍杂志

日本将消费品划为单独的大类,但是消费品涉及的各种产品并不是采用一套通用的合格评定程序和生产、进口手续,而是根据具体产品的特点去判定其必须符合的各种要求。下面就以出口至日本的(一般)家用电气产品为例进行说明。

当企业生产、进口或销售家用电气产品时,需要根据产品的特点接受多项法律、法规的监管,具体有:

1. 食品卫生法

家电产品中,如榨汁机、咖啡器、电饭煲等与食品直接接触的器具,要受《食品卫生法》的监管。这些产品进口通关时,须提交《食品等进口申告书》并接受卫生检查。

2. 电气用品安全法

电气用品安全法对"电气用品"指定了国家承认的技术标准,并且要求产品在制造、进口、销售等各个环节符合相应的标准。《电气用品安全法》的具体要求将在后文中重点讲解。

3. 合理使用能源法(节能法)

根据此法要求,特定电气产品的节能特性必须满足节能法的最优化要求。

4. 家庭用品品质标示法

根据此法,《电气机械器具品质标示规程》规定了 17 种产品,其生产厂家有义务标明使用说明和关注点等注意事项。

5. 电波法

对于使用 10kHz 以上高周波电流的特定家电产品,根据不同种类的要求,制造商或进口商需办理型式确认或型式指定的手续。其中，型式确认适用于微波炉、电磁诱导加热式调理器等，型式指定适用于超声波清洗剂、移动式对讲机等产品。

6. 输水管道法

对于如内嵌式洗碗机之类需直接和输水管道联接取水的家电产品，有可能对输水管、其他器械或其他家庭造成影响，因此该类产品还必须符合厚生劳动省规定的输水管道法。

7. 建筑基准法

洗碗机、洗衣机等家电产品，通过集体住宅排水时，有可能会给配水管、其他器械或其他家庭造成影响，因此必须按照建筑基准法的规定实施间接排水。

8. 特定家庭用电气再生法(家电再利用法)

对于家庭用特定的家电产品，目前涉及电视、冰箱、空调、洗衣机和冰柜 5 种产品，该法规定制造者或进口商有回收和再利用的义务。

9. 公平竞争规定

家电产品的销售需符合《非正常赠品及不正当标示防止法(赠品标示法)》、《关于家电产品的公平竞争规定》和《关于家电制造业的赠品限制的公平竞争规定》的要求。

10. 进口通关

对于进口产品，进口商要向海关提交“进口申告书”，并同时附带装货清单、提单、保险明细书等文件，当接受海关审查及完税后，方可获得进口许可书。

二、工业品的管理

工业品通常是指企业组织为生产或维持组织运作需要购买的商品和服务。工业品的使用者一般需要具备一定的专业知识或是经过适当的培训。日本工业品的分类见表 1-3。

表 1-3 日本工业品分类

第一类 化肥	第二类 饲料	第三类 农药
第四类 爆炸物	第五类 汽车清洗剂与润滑油和上光蜡	第六类 粘合剂
第七类 涂料	第八类 染料和色素	第九类 食品用塑料容器
第十类 轮胎	第十一类 橡胶制品	第十二类 锯木和加工木材
第十三类 胶合板	第十四类 纸张	第十五类 生丝和丝织物
第十六类 合成纤维	第十七类 针织品和机织 织物	第十八类 纺织品
第十九类 食品加工机械	第二十类 包装机械	第二十一类 装订机
第二十二类 机床	第二十三类 手持工具	第二十四类 电气产品
第二十五类 电子配件	第二十六类 医疗设备	第二十七类 医疗器械

续表 1-3

第二十八类　建筑机械	第二十九类　农用机械	第三十类　特种运输车辆
第三十一类　小型航空器	第三十二类　海运业产品	第三十三类　汽车零件
第三十四类　房屋	第三十五类　整体厨房	第三十六类　水龙头金属配件
第三十七类　门窗框架	第三十八类　平板玻璃	第三十九类　木材石材瓷砖
第四十类　流量表		

日本依据众多的法律法规对工业品进行监管，同样需要根据产品的特性确定特定的法律法规。下面就以出口至日本的铜线为例进行说明。

企业生产、进口和销售铜线（单线）时，需要根据铜线的特点接受不同法律法规的管制。例如，无菌外科手术缝合线受到《药事法》的管制；橡胶包裹的电线属于特定电气用品，受《电气用品安全法》的管制。具体有：

1. 铜线品种的海关关税分类

铜线（单线）除了一般用途的种类，还有绝缘电线、无菌外科手术缝合线等。一般用途的铜线中以卷状进口的分类有 7408 项，非卷状的是 7407 项；无菌外科手术缝合线分类有 3006 项；电绝缘电线分类有 8544 项。

2. 药事法

铜线中的无菌外科手术缝合线属于《药事法》规定的医疗器械。进口或销售《药事法》规定的医疗器械，必须有制造销售许可证、制造销售申告书。在包装、标示、保管、销售等环节都需要具备相关的许可证。

3. 电气用品安全法

电气用品安全法对“电气用品”指定了国家承认的技术标准。并且要求产品在制造、进口、销售等各个环节符合相应的标准。《电气用品安全法》的具体要求将在后文中重点讲解。

4. 特惠关税

从特惠受益国（包括特别特惠受益国）进口的铜线可以适用于特惠关税。享受特惠关税率的铜线，需要办理特惠受益国颁发的“特惠原产地证明书”（总价格在 20 万日元以下时无须办理）。

5. 进口通关

对于进口产品，进口商要向海关提交“进口申告书”，并同时附带装货清单、提单、保险明细书等文件，当接受海关审查及完税后，方可获得进口许可书。同时提交《厚生劳动省确认完毕进口申告书》及相关材料。

三、食品、农产品的管理

食品一般是指可供人类食用或饮用的物质，包括加工食品、半成品和未加工食品，一般不包括烟草或只作药品用的物质。农产品一般是指来源于农业的初级产品，即在农业中获得的植物、动物、微生物及其产品。日本对于食品、农产品的分类见表1-4。

表1-4 日本食品、农产品分类

第一类　活动物	第二类　肉及其产品
第三类　其他动物产品	第四类　渔业产品及其产品
第五类　乳制品等	第六类　植物、树脂和蔬菜汁等
第七类　蔬菜、水果及其产品	第八类　粮谷及其产品
第九类　糖、可可及其产品	第十类　调味品
第十一类　油籽及其产品	第十二类　各类制作食品
第十三类　饮料和烈酒	

日本依据众多的法律法规对食品、农产品进行监管。例如，向日本市场出口大豆产品，就必须接受植物防疫所的检查，还需要按照食品卫生法的要求进行进口申请。具体需要接受的监管有：

(1)按照海关关税分类法对大豆品种进行分类；

(2)植物防疫法；

(3)食品卫生法；

(4)关于农林物资的标准化以及质量标示的适当化的法律(JAS法)；

(5)进口通关；

(6)其他注意事项。例如根据《非正常赠品及不正当标示防止法》(赠品标示法)，禁止附带非正常赠品的销售行为，禁止误导消费者的夸大行为。

第　二　章

日本电气用品安全管理的法律法规

第一节　日本产品安全管理的法律体系

一、日本的法律架构

日本法律制度发展至今，已经发展成以大陆法系为基础，又具有本国特色的宪法、刑法、民法、商法、民事诉讼法、刑事诉讼法的六法体系。图 2-1 所示为日本法律法规体系的基本层次。

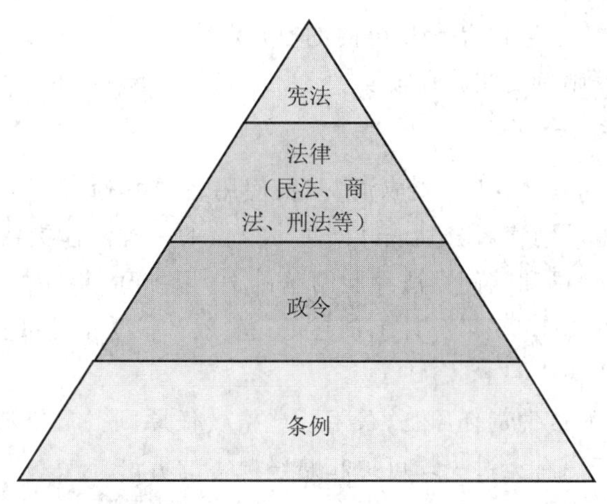

图 2-1　日本法律法规体系的层次图

二、消费者保护和产品责任的相关法律

日本非常重视利用法律手段改革、调整和管理经济，制定了大量的经济法规，将各方面的经济活动都纳入法制轨道，从而使经济法成为发展最为迅速的法律。日本的经济法注重保护消费者的权益，并划分了严格的产品责任范畴。这方面的法律主要有《消费者保护基本法》和《产品责任法》。前者规定了消费者保护的一般原则，后者规定了产品缺陷造成消费者损害，生产者或销售者需要承担的法律责任。

1. 日本《消费者保护基本法》及相关法律

《消费者保护基本法》是以"维护消费者权益，综合推进消费者保护政策，确保国民消费生活的安定及提高"为目的而制定的。法律中明确了政府、经营者和消费者三方的责任和作用。即政府应按照经济社会的发展，制定、实施消费者保护政策；经营者提供商品和服务，并采取必要的措施防止危害的发生。同时积极配合政府实施消费者保护政策，正确处理消费者的投诉；消费者也应主动学习消费生活的有关知识，采取自主合理的消费行为。

除《消费者保护基本法》外，同时日本对于消费者保护的相关法律还有以下几部：

(1)《分期付款销售法》制定于1961年，这是一部针对分期付款，调整消费者和销售业者之间利害关系的法律。

(2)《访问销售法》制定于1976年，是一部规范销售人员营销行为的法律，该法对解除合同的条件有所放松。

(3)《禁止无限制连锁销售法》制定于1978年，也就是禁止类似地下传销的销售模式。

(4)《国民生活中心法》制定于1970年，该法规定"国民生活中心"是对消费者进行保护的行政机构。国民生活中心，独立行使职权，提供有关改善国民生活的情报，从事消费者教育与培训活动，宣传各种生活消费知识与信息，接受消费者申诉和提供援助等。

(5)《消费者合同法》制定于2000年，这是一部确认不公平合同无效的法律。

在日本，"全国消费者保护协会"是专门负责保护消费者权益的最高行政机构，由经济企划厅、经济产业省、厚生省等十几个内阁官厅的部门首长组成。该协会主要负责政策的制定，经济企划厅则负责实施和落实。

2. 日本《产品责任法》

产品责任是指产品存在缺陷，造成消费者、使用者或其他第三人的人身伤害或财产损失，应依法由生产者或销售者分别或共同负责赔偿的一种法律责任。

日本在充分吸收美国和欧洲立法经验的基础上，于1994年6月22日由国会审议通过了《产品责任法》，并于1995年7月1日起正式生效。该法的主要内容如下：

(1)产品责任使用原则

该法排除了传统的过失责任原则，采用了严格责任原则。只要消费者能证明产品存在缺陷，则无需证实厂商有无过失均可提起赔偿损害的诉讼。

(2)产品与缺陷的含义

该法所称的"产品"是指被制造或加工的动产；而"制造"是指将原材料制成新的物品；"加工"不仅指保有该产品的本质，而且附与新的属性，并增加其价值，也称"准制造"。如果制造或加工的产品不能提供一般消费者有权期待得到的安全特性，则该产品被认为是有缺陷的。

(3)产品责任的主体

该法对产品责任的主体也做了明确规定，产品责任的主体是指以制造、加工或进口产品为业务的主体。因此，只要反复制造、加工或输入产品，即为产品责任的主体，而不论其是以盈利为目的还是以公益为目的。

(4)生产者的免责情形

生产者有下列情况之一，可免于承担赔偿责任：①产品投入流通时，依当时的科学技术水平尚不能发现其存在缺陷；②产品被当做其他制成品的零件或原材料使用时，其他制成品的制造者，在设计中产生了该产品的缺陷。

(5)损害赔偿

有关产品责任的赔偿,除依《产品责任法》外,还适用于民法的有关规定。范围包括:①人身伤害赔偿,受害人因使用缺陷产品而遭受人身伤害时,责任者应当赔偿受害人的医疗费、受伤害而丧失工作能力的误工费用,以及精神损失;②财产损失赔偿,责任人应赔偿使用人因缺陷产品导致的有关财产损失。

三、日本产品安全的相关法律制度

1. 产品安全制度概要

对于一般消费者在使用过程中存在安全性隐患的产品,日本政府一般会指定、划分产品类别,并制定相关的技术标准以防止危害发生。这些产品的制造者或是进口者,必须确保其产品符合该技术标准。对于安全性隐患较高的产品,制造者或进口者有义务接受日本政府或其指定机构的检查,并对确认符合要求的产品加施安全标识。如果不履行上述规定,或不标示安全标识,这样的产品将被禁止生产、进口或销售。

2. 法律依据

日本政府根据产品的危害程度制定相应的产品安全法,并形成关于该产品的安全保障制度。目前,日本的产品安全法律主要有:

(1)《电气用品安全法》;

(2)《消费生活用品安全法》;

(3)《确保液化石油天然气安全及其交易合理化的法律》;

(4)《天然气法》。

3. 日本产品安全主管部门

日本经济产业省承担宏观经济管理职能,负责制定产业政策并从事行业管理,管辖国内工业、商业、资源能源、工业技术、专利权以及对外贸易、对外经济合作等,是对产业界有很大影响的综合性政府部门。日本的基本产品认证政策、产品安全管理、组织标准制定等职能均由经产省承担。

日本经济产业省下属 6 个局,3 个厅,一个原子能安全保安院,其中负责分管认证政策、产品安全、组织标准制定的机构主要是产业技术环境局和商务情报政策局。经产省在日本地方设置有跨市县的 9 大区域分支机构,接受经产省的垂直管理,可以行使经产省授权的部分职能。

4. 从业者的义务

制造或进口"规定对象产品"的从业者,有责任确保这些产品符合技术标准、并有义务使"规定对象产品"获得安全认证。

这里的"规定对象产品"是指不同产品安全法中明确指定的产品,包括:

《消费生活用品安全法》(消安法)中的目录产品(分为"特定产品"和"非特定产品",后同)、《确保液化石油天然气安全及其交易合理化的法律》(液石法)中的目录产品、《天然气法》中的目录产品、《电气用品安全法》(电安法)中的目录产品。

从业者需要通过技术手段或是通过技术机构的服务来证明"规定对象产品"符合有

关技术标准和安全要求,并保留相应的证明材料。这种证明的流程在四部法律的规定都是大致相同的,本书的三、四、五章将对这种流程进行重点讲解。

5. 政府对违反产品安全法可采取的行政措施

针对产品违规,产品的安全法律法规都对政府行政措施进行了规定,主要包括以下几种:

(1)要求纠正的命令

当发现"规定对象产品"不符合技术标准时,政府可以命令从业者针对产品的制造、进口方法、检查方法及其他的业务,采取必要的纠正措施。

(2)禁止使用认证标识

"规定对象产品"在制造或进口过程中,由于不符合技术标准,可能会对一般消费者造成身体伤害。而且光靠纠正不足以确保消费者的安全,政府可以禁止该产品使用认证标识、并禁止问题产品的流通。

如果产品在加施认证标识的过程中,从业者没有履行相应的义务,有损于一般消费者对认证标识的信赖,政府可以禁止其使用认证标识。

(3)防止危害发生的命令

当发现销售没有认证标识的"规定对象产品"或是制造、进口或销售不符合技术标准的"规定对象产品",政府可以命令责任人将违规产品召回,以防止危害发生。

(4)征收报告

在制造和进口、销售"规定对象产品"过程中,当对从业者履行义务的情况有怀疑时,政府可以要求其提供必要的业务或者经营管理报告。

(5)强行搜查

当有必要核查从业者是否履行义务时,或是需要搜集必要的情报,以决定是否发出防止危害发生命令时,政府可以强行进入从业者的工作场所、工厂、或是仓库等,并对"规定对象产品"(或是消费生活品)、账本、材料及其他物件进行检查。

(6)惩罚

凡是有违反以上规定的行为,或是拒绝、妨碍上述政府执法行为,政府有权进行罚款或是拘留等处罚,具体罚则可视情节轻重处理。

6. 必须施加的标识

产品安全法律规定的产品,必须标示如表 2-1,表 2-2,表 2-3,表 2-4 的标识后方可销售。

表 2-1

一、消费生活用品安全法:	
特定产品	标识
对象产品　3 种 乳婴用床(婴儿床) 便携式激光应用装置(激光向导) 浴槽温水循环器(喷气式喷水浴缸、24 小时洗浴缸等)	PSC ※

续表 2-1

特定产品以外的管理产品	标识
对象产品 3 种 乘车用头盔（电动 2 轮车、摩托或电动自行车的头盔） 家庭用压力锅或压力壶等 登山绳索	PS C ※

※PSC 是 Product Safety of Consumer Products 的缩写。

表 2-2

二、确保液化石油天然气安全及其交易合理化的法律：	
特定产品	标识
对象产品 7 种 液化气炉灶 液化气瞬间沸水器（半封闭式） 带液化气燃烧器的浴缸（半封闭式） 浴槽 液化气燃烧器 液化气暖炉（半封闭式） 液化气阀	PS LPG
特定产品以外的管理产品	标识
对象产品 8 种 调整器 液化气瞬间沸水器（开放式、密闭式、屋外式） 液化气用带金属手柄的高压蛇管 带液化气燃烧器的浴缸（密闭式、屋外式） 液化气暖炉（开放式、密闭式、屋外式） 液化气用煤气泄漏警报器 液化气用带金属手柄的低压蛇管 液化气用地震自动煤气关闭器	PS LPG

※PSLPG 是 Product Safety of Liquefied Petroleum Gas Equipment and Appliances 的缩写。

表 2-3

三、天然气法：	
特定产品	标识
对象产品 4 种 煤气瞬间沸水器（半封闭燃烧式） 煤气炉（半封闭燃烧式） 带煤气燃烧器的浴缸（半封闭燃烧式） 煤气燃烧器	PS TG

续表 2-3

特定产品以外的管理产品	标识
对象产品 3 种 煤气瞬间沸水器(开放式、封闭燃烧式、屋外式) 煤气炉(开放式、封闭燃烧式、屋外式) 带煤气燃烧器的浴缸(封闭燃烧式、屋外式)	PS TG

※　PSTG 是 Product Safety of Town Gas Equipment and Appliances 的缩写。

表 2-4

四、电气用品安全法:	
特定产品	标识
对象产品　116 种 护套软线 温度保险丝 插座 插头 荧光灯稳定器 电子热水器 电泵 垃圾处理器 电动按摩器 直流电源装置 便携发电机组 等等……	PS E
特定产品以外的管理产品	标识
对象产品　341 种 照明配管 电热炉 电熨斗 电冰箱 洗衣机 电风扇 台灯 录像机 电子天线 带电灯的家具 带插座的家具 等等……	PS E

※　PSE 是 Product Safety of Electrical Appliance and Material 的缩写。

7. 事故通报制度

从业者制造、进口或销售的产品引发了事故，为了防止危害扩大，从业者必须将事故实情向经济产业省或“独立行政法人产品评价技术基础机构”(NITE)报告。

(1)事故情报收集制度

针对经济产业省管辖的消费生活用品，NITE有权要求制造，进口或销售的从业者提供事故情报。以避免同一产品缺陷而导致事故的再次发生。

(2)电气用品的事故报告(从业者的自主报告)

制造、进口或销售电气用品的从业者以及生产厂家向经产省报告事故情报时，应该注意报告对象是经产省的消费产品安全课。

四、日本的食品安全相关法律制度

食品安全已成为一个世界性的挑战和全球重要的公共卫生问题。日本制定了完整的食品安全保障法律法规和标准体系。这些法律既规范着日本国内农产品的生产加工，确保日本国内食品的卫生安全，同时也阻止不符合标准的国外食品进入日本市场。

日本的食品安全主要由厚生劳动省、农林水产省、食品安全委员会三个部门共同管理。日本食品安全体系分为法律法规和标准体系。

食品安全法律主要包括《食品安全基本法》、《食品卫生法》等，以及配套的《食品卫生法实施令》、《食品卫生法实施规则》、补充说明和规范。此外，相关的主要法规还有《产品责任法(PL法)》、《植物检疫法》、《计量法》等。与进出口食品有关的还有《输出入贸易法》、《关税法》等。迄今为止，日本共颁布了食品安全相关法律法规共300多项。

日本食品标准体系由国家标准、行业标准和企业标准构成。国家标准即JAS标准，以农产品、林产品、畜产品、水产品及其加工产品和油脂为主要对象；行业标准多由行业团体、专业协会和社团组织制定，作为国家标准的补充或技术储备；企业标准是由各公司制定的操作规程或技术要求。日本的食品标准已经形成了较为完备的标准体系。主要表现在以下几个方面：一是标准种类齐全；二是标准科学、先进、实用；三是标准与法律法规结合紧密，执行有力；四是制定标准的目的明确。

第二节　日本电气用品管理制度的沿革

一、1961年以前

20世纪初，日本的工业开始逐渐发展，但由于日本国内和企业都没有电气用品的测试制度，日本生产的电气用品也很难获得消费者的信任，当时日本国内电气用品多依赖进口。基于这种背景，日本国内的电气用品厂商希望建立产品测试制度，以证明日本的电气产品是质量过硬的。

1916年递信省(邮电部)电气试验所制定了《电气用品试验规则》，开始接受委托测试。1924年，东京电灯株式会社自发性地开始进行电气用品的单件测试，当时日本产电气用品常引起火灾。随着单件测试的业务量激增，东京电灯株式会社于1925年又将单件测试的方法改为对产品进行型式承认。随后东京市电气局、东邦电力株式会社也开始进行产品的型式承认，承认的产品种类也逐渐增加。日本消费者逐渐接受获得型式承认的电气产品是有一定质量保证的。

1935年递信省制定《电气用品取缔规则》，主要针对一般住宅用绝缘电线、软线、电线管等布线器材及家用电热器、小型电机、小型变压器等11种电气用品，做出了下述规定：

(1)电气用品制造者须在开始业务前向政府主管部门申请制造执照；

(2)在制造者取得制造执照后或进口者在进口产品前，该产品必须取得主管部门的型式承认；

(3)获得型式承认的产品，必须要标识出型式承认号码、制造者名称等信息；

(4)制造者、进口者不得销售或使用未获型式承认的电气用品。

递信省开展型式承认工作后，电力公司的型式承认改名为型式认定，以免混同。

1951年，在日本中央和地方都设置了由官方和民间合办的“不良电气用品防止对策委员会”。1961年，中央委员会改称“电气安全全国联络委员会”，地方委员会改称“电气安全委员会”。

1961年，日本政府发布了《电气用品取缔法》，《电气用品取缔规则》正式废止。

二、1961年～2001年期间

1961年11月，为了加强对电气用品的监管，日本政府制定了《电气用品取缔法》系列法律法规，并于1962年8月15日正式实施。《电气用品取缔法》对196种电气用品规定了管理措施，其主要内容如下：

1. 制造者的申报

电气用品制造者必须在业务开始前向通商产业省(2001年后更名为经济产业省，职能基本未变)申报，制造者应具备符合规定的特殊制造设备和测试设备。

2. 型式认可

制造或进口电气用品之前，该产品必须取得通商产业省的型式认可。该法对认可标准、指定测试机构、制造者的义务、内部检查的义务、对产品标识的义务、型式认可的有效期等内容都进行了规定。

3. 销售和使用的限制

未按规定进行标识的产品，不得销售，也不能以销售为目的而进行展示。电气公司、电气施工人员等专业机构和人员也不能使用未标识产品。

4. 指定测试机构

通商产业省可按《民法》第34条的规定，将符合一定条件的法人机构指定为进行电气用品型式认可的测试机构。该法对指定的标准、不合格条款的要求、指定测试机构的义务、机构须接受的监督等内容都做出了规定。

《电气用品取缔法》制定后，对电气用品进行管理的体制得以形成。然而，随着电气用品进一步普及，且新产品不断出现，触电、火灾等事故仍时有发生。

1968 年 5 月,《电气用品取缔法》修订,于同年 11 月起实施。修订后的《电气用品取缔法》把电气用品按其结构、使用方法等,分为"甲种电气用品"(发生危害的可能性较大者)和"乙种电气用品"(其余)两大类。甲种需要政府的认可,乙种只需自己进行确认。当时甲种电气用品有 324 类,乙种电气用品有 83 类。1977 年 11 月,对电气用品对象范围又进行了修订。到 1978 年 3 月,甲种为增加到 425 类,乙种为 72 类。

1980 年以后,随着电气用品的国际贸易发展以及应国际关贸协定(GATT)和其他国家的要求,日本政府需要建立一种在认证手续上无国内外差别的法律制度。于是在 1983 年 5 月,《电气用品取缔法》再次修订,并于同年 8 月起实施。其要点如下:

1. 外国制造者的审批

(1)甲种电气用品的外国制造者可按"事业区分"(一种业务的分类方式)接受通商产业省的审批;

(2)其审批手续与日本国内的制造者相同;

(3)当被批准的外国制造者未按要求采取改善措施时,通商产业省可取消其批准资格。

2. 对国外产品的型式承认

(1)被批准的外国制造者按"型式区分"接受通商产业省的产品型式承认;

(2)被批准的外国制造者与国内批准制造者按照相同的手续及标准办理型式承认;

(3)当被批准的外国制造者未按要求采取改善措施时,通商产业省可取消其批准资格。

3. 对进口者的简易型式认可

某个进口者准备进口的甲种电气用品,与其他进口者已接受认可的型式属于同一"型式区分",而且制造者也相同时,通商产业省确认该型式已获认可。

日本政府于 1985 年 7 月制定了《改善市场参入的行动计划框架》,其中就《电气用品取缔法》做出下述规定:

(1)推动甲种电气用品向乙种过渡。使乙种数目(72 类)翻一番,3 年内增加 3 倍;

(2)大臣可直接指定"外国检查机构",对其"检查数据"加以承认;

(3)在保证电气用品安全性的基础上谋求与 IEC 标准接轨。

1986 年 3 月,甲种产品调整为 354 种,乙种产品 143 种。1988 年 1 月,甲种产品又调整为 282 种,乙种增加为 216 种。

此外,被批准的外国制造者在申请型式承认时,或甲种电气用品的进口者申请型式认可时,以及申请其更新时,申请者可附上通商产业省所指定的特定外国测试机构的测试数据。用特定外国认证机构的测试来代替日本的指定测试机构的测试。

日本政府开始承认 IEC 标准,使之成为电气用品技术标准的第 2 项标准。

1994 年 7 月,日本政府的内阁决议促使家电产品等甲种电气用品大幅度向乙种电气用品过渡,产品认证模式开始从以政府认证为主的制度向以自主确认为主的制度过渡,并增加了第三方机构认证的内容。

1995 年,日本政府又将甲种产品中 117 类家电产品改为乙种产品,至此,甲种电气用品共165种，乙种电气用品共333种。此外，废除了乙种电气用品的〶标识及甲种标示▽。对于保留下来的甲种电气用品，进行了“型式区分”和标识方法的合理化调整，同时大幅度采用IEC标准作为可承认的第2项标准。

三、2001年至今

1999年8月，日本政府制定了《关于通商产业省所管标准、认证制度等的整理与合理化的法律》，对《电气用品取缔法》系列法律法规进行了根本性改革，并将之改名为《电气用品安全法》及其系列法规，于2001年4月1日起实施。（关于《电气用品安全法》的详细内容，请见本书第三节。）

《关于通商产业省所管标准、认证制度等的整理与合理化的法律》对原来18个法律中的11个做了修订，尤其是对涉及产品安全的《电气用品安全法》、《消费生活用产品安全法》、《关于确保液化石油气的安全性及交易的适当性的法律》和《煤气事业法》4部法律（统称“产品安全规则”）进行了大幅度修订，统一和协调法律之间的管理体系。废除了由政府主导认证的制度，引进了自主检查和第三方认证制度。

《电气用品取缔法》的主要修订内容如下。

（1）法律的名称：改为《电气用品安全法》；

（2）法律的目的：追加“以促进民间企业自主开展确保电气用品安全性的活动为目的”；

（3）随着政府认证制度的废除，建立了自主检查和第三方认证制度，责任人对于检查记录的制作和保存进行了规定。

法律修订后，由“甲种电气用品”更名而来的“特定电气用品”的制造和进口的手续简化了，责任人在自负责任原则下，接受政府授权第三方认证机构的认证。

政府认证制度废除后，《电气用品安全法》对国内进口者的义务进行了规定，明确其制作、保存电气用品自主检查记录的责任以及接受特定电气用品认证的责任。

（4）标识

为了确保产品流通后的有效性，对特定电气用品及非特定电气用品的标识进行了规定。

（5）引进“认定认证机构”和“承认认证机构”

废除了“指定试验机构”，改为对国内认证机构进行“认可”，对外国认证机构进行“承认”。

（6）售后监督

当发现电气用品不符合相关技术标准，为了防止危险或障碍的进一步扩大。在有必要时，政府可以发出回收该电气用品的命令等措施。

（7）强化惩罚规定

加重了对法人处罚和提高了罚金金额。

2000年3月，修订了《电气用品安全法施行令》，将甲种电气用品165类改为特定电气用品112类，将乙种电气用品333类改为非特定电气用品340类。2006年3月，《电气用品安全法》管理的特定电气用品为 112 类,非特定电气用品为 338 类。2012 年 7 月 1 日,特定电气用品 116 类,非特定电气用品 341 类。

表 2-5 列出了日本对电气用品管理的法律法规的主要变化。

表 2-5 日本电气用品管理法律法规的主要变化

法律名称的变更	《电气用品取缔法》(DENTORI)	《电气用品安全法》(DENAN)
法律目的的变更	政府认可制	利用第三方机构证明的自主确认制度
电气用品的范围	认证产品品种:498 种 •甲种电气用品:165 种 •乙种电气用品:333 种	认证产品品种:457 种 •特定电气用品:116 种 •非特定电气用品:341 种
事业申报	甲种电气用品 •制造事业者的申报 •外国制造事业者可申报 乙种电气用品 •事业开始的申报	全部电气用品 •制造或进口事业者对其制造或进口电气用品的型式进行申报 •外国制造事业者由进口事业者负责申报
基准适合义务	甲种电气用品 •检查记录的制作和保存 •标识义务 •技术基准适合义务 乙种电气用品 •标识义务 •技术基准适合义务	全部电气用品 •检查记录的制作和保存 •标识义务 •技术基准适合义务
标志	•甲种电气用品用 T 标识 •乙种电气用品无标识 (1995 年改订时乙种表示废止)	•特定电气用品用 PSE 标志 •非特定电气用品用 PSE 标志
电气用品的认可/认证	甲种电气用品在指定检测机构进行型式认可和国家型式认可	特定电气用品在授权认证机构进行认证
认可/认证	甲种电气用品 •国内:指定测试机构 •海外:特定外国测试机构	特定电气用品 •国内:国内授权认证机构 •海外:外国授权认证机构
标识事项和销售、使用的限制	没有标识(甲种是 T 型式标号、制造事业者的名称等,乙种是制造事业者的名称等),不得销售、使用	没有"标识"事项(标志、制造事业者的名称等),不得销售、使用
主要事后规定	事业注册的取消 型式认可的取消 业务停止命令	标识的禁止 危险防止的命令(回收命令)
惩罚规则	罚金:30 万日元(或者 3 年以下徒刑)、10 万日元、3 万日元	罚金:100 万日元(或者 3 年以下徒刑)、30 万日元、10 万日元 新设定了对法人收取重税:最高 1 亿日元的罚金

第三节 电气用品系列法规

一、电气用品系列法规概述

电气产品系列法规由《电气用品安全法》、《电气用品安全法施行令》、《电气用品安全法施行规则》和《电气用品技术基准省令》组成。如图 2-1 所示，这 4 部法律法规相互引用，构成了日本较完善的电气用品质量管理法律体系。

《电气用品安全法》和《电气用品安全法施行令》由日本政府颁布，《电气用品安全法》作为第一个环节，提出了日本政府进行电气用品管理的目的以及进行管理的基本思路和模式，这也是整个电气用品管理的核心内容；《电气用品安全法施行令》紧扣《电气用品安全法》，对于具体操作的主体和对象进行了规定，实际上是对法律中比较容易变化的内容进行了阐述，并为其日后的调整预留了空间。但是这两部法律法规都是站在国家管理这一宏观角度，规范各参与方的责、权、利，没有对具体的操作方法进行说明，而是将具体的工作交给指定的政府部门去执行。

《电气用品安全法施行规则》和《电气用品技术基准省令》由日本经济产业省颁布。接受管理任务的日本经济产业省制定了《电气用品安全法实施规则》，指导认证机构获得授权以及认证机构进行认证工作的基本要求等，统一并规范了各参与方的行为，随着客观情况变化，为实施规则的调整预留了适当的空间；《电气用品技术基准省令》是第四个环节，也是变化最快的环节，它明确了对电气用品评定的技术依据，但是这种技术依据是根据产品的变化而修订，它既是电气用品管理的基础环节，但从法律法规的角度，它又是最后一个解决的环节。

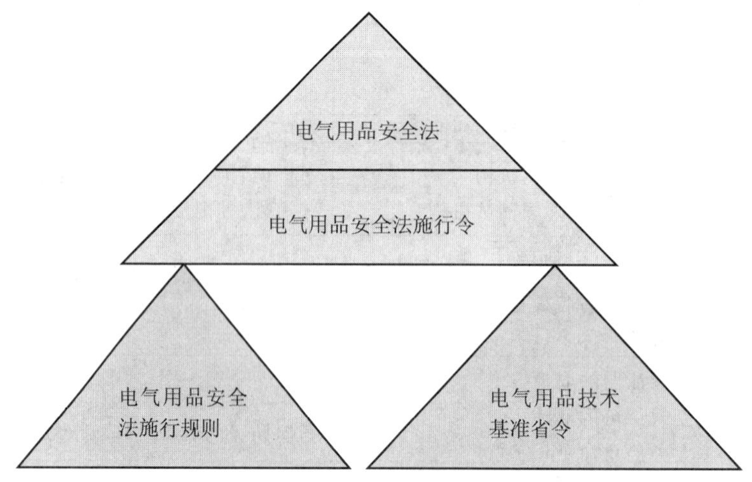

图 2-2 日本电气用品质量管理法体系

二、电气用品系列法规内容

1.《电气用品安全法》

《电气用品安全法》于 2001 年 4 月 1 日起实施。实行该法的目的是对电气用品的制造、销售等过程进行监管,同时促进民间企业自主开展确保电气用品安全性的活动,以防止由电气用品引起的危险及损害。

该法属于技术性法律,具有明确的法律特点。

该法分六个章节共六十一条,包括:

第一章:总则(第一至第二条)

第二章:事业的申报等(第三至第七条)

第三章:电气用品的认证和自主检查等(第八至第二十六条)

第四章:销售及其他的限制(第二十七至二十八条)

第五章:认证机构的审批等(第二十九至四十二条)

第六章:杂则(第四十三至五十六条)

第七章:罚则(第五十七至六十一条)

2.《电气用品安全法施行令》

该实施令于 1962 年公布(政令 324 号),在 2004 年进行了最后一次修订(政令 329 号)。《电气用品安全法施行令》属于政府颁布的法规,其最初是由内阁根据《电气用品取缔法》(昭和 36 年法律第 234 号)第二条、第二十八条第二项、第四十五条第一项,以及第五十四条至第五十六条的规定,而制定的政令,其后又几经修订,目的就是对《电气用品安全法》中明确交由政令负责的事项进行规定和说明。

该施行令共七条,主要内容为:

第一条、1、规定了电气用品的种类。

2、规定了特定电气用品的种类。

第二条、1、规定了不同产品的认证证书有效期。

2、规定了认证机构授权的有效期。

3、规定了政府派出人员对认证机构进行审查的费用由经济产业省决定。

第三条、规定了经济产业大臣有权对电气用品的制造商、进口商、销售商等进行检查,检查内容为各该类产品或其生产、销售、堆放等场所是否符合法规的系列要求。

第四条、规定了可以不遵照法规要求的特殊情况。

第五条、规定了经济产业大臣的工作可由地方政府部门代为执行的事项。

第六条、规定了地方经济产业局的职责划分。

第七条、规定了事务的划分(查日文原文)。

3.《电气用品安全法施行规则》

该施行规则于 1962 年公布(通商产业省令第 84 号),在 2006 年进行了最后一次修订(经济产业省令第 13 号)。它对《电气用品安全法》交由经济产业省负责的事项,以及实施该法所必需的手续进行了规定。

该施行规则共分六章、三十五条，包括：

第一章　总则（第一条）。

第二章　事业的申报等（第二至第九条）。

第三章　电气用品的认证等事项（第十至第十七条）。

第四章　销售的限制（第十八条）。

第五章　认证机构的授权等（第十九至第三十三条）。

第六章　杂则（第三十四条至第三十五条）。

《施行规则》对于很多电气用品认证工作的具体内容做出了规定，是保证各实施方工作一致性和有效性的重要文件，其主要内容有：

① 申报的电气用品的区分（事业申报时产品的分类）；

② 电气用品型式的区分（认证对象的分类）；

③ 事业申报、申报人地位继承的申报、申报事项变更的申报、事业终止的申报的格式等；

④ 无需申报的轻微变更；

⑤ 涉及申报事项的信息的提供；

⑥ 需要免办认证业务时申请的格式；

⑦ 制造或进口电气用品的企业内部检查方式、检查记录的记载事项及保存期限；

⑧ 与证书具有同等效力的文件；

⑨ 认证的方法；

⑩ 申报人工厂的测试设备要求；

⑪ 认证证书的记载事项；

⑫ 电气用品的标识方式；

⑬ 销售例外情况的申请；

⑭ 国内授权认证机构或外国授权认证机构的授权区分；

⑮ 国内授权认证机构或外国授权认证机构的授权申请，国内认证机构的办公场所变更的申报、业务规定申报、业务休止终止申报的格式等；

⑯ 国内授权认证机构或外国授权认证机构的授权更新的手续；

⑰ 国内授权认证机构的业务规定应规定的事项；

⑱ 国内授权认证机构的财务报表等的存备和阅览方法；

⑲ 国内授权认证机构的账簿的记载事项、保存期限；

⑳ 对外国授权认证机构采用与国内授权认证机构类似的管理方式的规定；

㉑ 公开听证会、意见听取会的手续事项等。

4.《电气用品技术基准省令》

该省令为经济产业省颁布的技术性指令，其目的就是说明对电气用品进行测试所使用的标准。在这里，“技术基准”就是技术标准的意思（下文中为了表述清楚，在引用时直接使用“基准”）。《技术基准省令》把电气用品所用的技术标准分为两种类别，或者称为两种标准体系，并将它定义为“第一项基准”和“第二项基准”。

第一项基准于 1962 年公布（通商产业省令第 85 号），在 2004 年进行了最后一次修订（经济产业省令第 103 号）。第一项基准主要采用日本本国制定的基准为技术标准。该基准是伴随着日本本国电气用品发展而逐渐成形的标准，与相应产品的国际标准存在较大的差异。第一项基准将电气用品分为八个大类，并在《技术基准省令》中作为附件将基准的具体内容列出，其形式如下表 2-6 所示。

表 2-6 电气用品的种类

一	电线及电气温床线
二	电线管、地板下电线管、线槽及其附件
三	熔断器
四	配线器具
五	限流器
六	小型单相变压器及放电灯用镇流器
七	小型交流电机(《电气用品安全法施行令》(昭和 37 年政令第 324 号)的《附表第二》的第六项所述)
八	交流型电气机械器具和便携发电机组(《电气用品安全法施行令》(昭和 37 年政令第 324 号)的《附表第一》第六号至第九号以及《附表第二》第七号至第十一号所述)
九	锂离子蓄电池

第一项基准的具体内容可以通过日本经济产业省的网站下载。

第二项基准于 2002 年公布，日本经济产业省制定了 J 系列标准，作为第二项技术基准。J 系列标准大部分是从 IEC 国际标准转化而来，并且包含日本国家差异的内容，如下表 2-7 所示。

表 2-7 J 标准对照示例

J 系列标准		对应的 IEC 标准	对应的日本工业标准
J60950—1(H22)	情報技術機器—安全性—第 1 部:一般要求事項	IEC 60950—1(2001)	JIS C 6950—1:2009

第四节 电气用品管理规定

一、电气用品销售和使用的要求

1. 电气用品销售的基本要求

从事电气用品的制造、进口或者销售业务的组织或个人，不得销售或以销售为目的陈列没有标识的电气用品。

2. 使用电气用品的规定

(1)日本《电气事业法》所规定的电气业务从事者、自用电气工具装配者，《电气工事士法》所规定的电气设备操作者、特种电气工作者等，不得在工程或工作中使用没有标识的电气用品。

(2)制造产品时，若把电气用品用作零部件或附件，不得使用没有标识的电气用品。

3. 例外情况

若出现下述情况之一，可不受上述条件限制：

(1)当电气产品用于特定用途，并且得到经济产业大臣承认时，可不受限制；

(2)制造或进口用于特定用途的电气用品，并且得到经济产业大臣承认时，可不受限制；

(3)销售或以销售为目的陈列用于出口或转口贸易的电气用品时，可不受限制。

二、关于电气用品认证的义务和权利

1. 要求进行认证的权利

申报人在授权认证机构拒绝对其制造或进口的特定电气用品进行认证，或对授权认证机构的认证结果有异议时，可向日本经济产业大臣提出申请，要求经济产业大臣强令授权认证机构进行认证或重做认证。

2. 产品符合技术基准的义务

若经济产业省大臣认为申报人的产品不符合相关产品的技术基准时，有权命令申报人采取必要措施进行改进，如改善电气用品的制造、进口或检查的方法，或者使用其他业务方法。

3. 接受监督的义务

(1)提交报告

当经济产业大臣要求电气用品的从业者提交业务报告时，包括制造、进口或销售的业务者，使用电气用品作为零部件或附件去制造产品的业务者等，被命令方应提交相关报告。

(2)接受现场检查

当经济产业大臣派遣其职员进入上述第1条所列的责任者的办公场所、工厂、店铺或仓库等，并对电气用品、财务账簿、文件或其他物品进行检查，或者对有关人员进行询问时，责任人应自觉接受检查，并且不得在缺乏正当理由的情形下不回答询问或者做出虚假回答。

4. 危险产品回收的义务

为避免发生危险或障碍，或为防止某危险或障碍继续扩大，如发生以下情况，必要时，经济产业大臣有权命令责任人回收相关的电气用品，或采取其他必要措施。

(1)从事电气用品制造、进口或销售的业务者违反销售规定销售电气用品；

(2)申报人制造、进口或者销售了不符合技术基准的电气用品。

三、对违规的处罚

如果出现违反《电气用品安全法》有关规定的情况，则按照下述各条款对违规从业者进行处罚：

1. 属于下述情况之一者，处一年以下徒刑或一百万日元以下罚款，或两者并罚。

(1)违反标识使用相关规定者；

(2)违反禁止使用标识的情况中第一条规定者；

(3)违反销售相关规定者；

(4)违规使用电气用品者；

(5)违反危险产品回收规定者。

2. 属于下述情况之一者，处三十万日元以下罚款。

(1)未按规定进行申报，或者做出虚假申报者；

(2)违反自主检查的规定，未进行检查，未制作纪录或制作虚假纪录，或未保存检查记录者；

(3)违反认证的规定，未取得或未保存证书者；

(4)未遵照经济产业大臣的命令而按规定提交报告，或者做出虚假报告者；

(5)拒绝、妨碍或回避规定的检查，或者对于规定的询问，无正当理由而不做出陈述，或者做出虚假陈述者；

(6)经济产业大臣派遣其职员对申报人进行检查，或者派出"机构"进行检查时，若检查现场需进行检查的电气用品有明显不适合检查的情况，该场所的所有者或占有者应在规定的期限内提出，对于不提出者要予以处罚。

3. 对自然人处以的罚款

法人的代表人，法人或自然人的代理人、雇员或其他从业人员在和该法人或自然人有关的业务中，有以下违反行为时，除了处罚行为者之外，对该法人处以有关各条款所定的罚款，对该自然人则处予本条各项的罚款。

(1)对于违反禁止使用标识的情况中第一条规定的人和违反危险产品回收规定的人处以一亿日元以下的罚款；

(2)除去上述 2 种违规行为以外，属于第一条中的其他情况者，按照各条的罚款处罚。

4. 属于下述情况之一者，处二十万日元以下的过失罚款。

未按申报变化情况要求的规定进行申报，或者做出虚假申报。

四、日本《电气用品安全法》主管部门的职责和工作

1. 由经济产业大臣等实施认证业务

由于某些特殊情况的存在或事件的突发性，可能致使在一定时间内没有认证机构可以开展相应的认证工作。为了确保认证制度的有效运转，经济产业省规定了一些认证的特殊实施方式，即由经济产业大臣直接进行认证工作，或是由其临时指派的"独立行政法人产业技术综合研究所"(以下称为"研究所")或有关"机构"进行认证工作。

由经济产业大臣实施认证业务，经济产业大臣在下述情况下可自行进行认证的全部

或部分业务：

①没有机构取得授权资格时；

②已授权机构申报停止全部或部分认证业务时；

③在按规定取消该项授权资格，或是命令授权认证机构停止全部或部分认证业务时；

④在认为授权认证机构因天灾或其他原因无法实施全部或部分认证业务时；

⑤在其他认为有必要的情形下。

2. 对于申报人和申报产品的管理

(1)对申报人的监督措施

①征收报告

经济产业大臣在施行《电气用品安全法》时，在必需的限度之内，按政令规定有权要求从事电气用品制造、进口或销售的业务者，或者从事把电气用品用作零部件或附件去制造政令规定的产品的业务者，就其业务提出报告。

对于从事电气用品的制造或进口的业务者，报告的事项为其制造或进口的电气用品的型式、数量，制造、保管或销售的场所，检查记录的内容和主要的销售对象，伴随着该电气用品的使用而发生的危害和为防止再次发生而采取的措施以及其他有关该电气用品的制造或进口业务的事项。

对于从事电气用品的销售业务者，报告的事项为其销售的电气用品的种类、数量、保管或销售的场所，进货单位及主要的销售对象以及其他有关该电气用品的销售业务的事项。

②现场检查

经济产业大臣在施行《电气用品安全法》时，在必需的限度之内，可派遣其职员进入从事电气用品的制造、进口或销售业务者，或者从事把电气用品用作零部件或附件去制造由政令规定的产品的业务者的办公场所、工厂、店铺或仓库，对电气用品、账簿、文件或其他物品进行检查，或者对有关人员进行询问。进行现场检查的职员，应携带并向有关人员出示表明其身份的证明书。此处所规定的权限，不得解释为进行犯罪搜查的权限。

③派遣“机构”进行现场检查

若经济产业大臣认为有必要，可让“机构”进行上述的检查或询问。经济产业大臣在按规定让“机构”进行检查或询问时，应就检查场所等必要事项及应实施的内容向“机构”发出指示。“机构”遵照上述指示进行规定的检查或询问后，应向经济产业大臣报告结果。进行现场检查或询问的“机构”的职员，应携带并向有关人员出示表明其身份的证明书。

④现场检查的特殊情况

经济产业大臣在按规定派遣其职员进行检查，或者按规定让“机构”进行检查时，若有显然不宜在其场所进行检查的电气用品，可命令其所有者或占有者在所定的期限内提出。

如果因为执行现场检查工作而造成了电气用品的所有者或占有者的损失，应由日本国家或者承担经济产业大臣权限事务的都道府县赔偿因该项命令所引起的损失。规定应赔偿的损失，为所引起的通常损失，例如电气用品的运输费，由于试验而破损的赔偿费等。

(2)对申报人的处理措施

当从事电气用品制造、进口或销售的业务者违反有关销售的规定销售电气用品，或是当申报人制造、进口或者销售的所申报型式的电气用品不符合技术基准时，若经济产业大臣认为有可能发生危险或障碍，或是认为为防止该危险或障碍的继续扩大而有必要时，有权命令有关责任人回收有关电气用品，或者采取其他必要措施，以防止该电气用品所引起的危险或障碍继续扩大。

3. 对“机构”的要求

经济产业大臣派出“机构”执行现场检查或询问的任务时，为确保该业务得以正确实施，必要时可就该业务向“机构”发布命令。若对“研究所”或“机构”所进行的认证工作或其结论有异议，异议者可依据《行政不服审查法》(昭和 37 年法律第 160 号)要求经济产业大臣进行审查。当向“机构”发布命令时，对做出违规行为的“机构”的负责人员要处以二十万日元以下的过失罚款。

4. 日本主管部门的工作程序

日本政府主管部门对于行政执法的要求全部通过法律法规的要求来体现，并且按照固定的制度执行。经济产业省在工作中除上文所述的职能外，还通过一定的制度程序来维持整个合格评定体系的正常运转。

(1)公示制度

经济产业大臣在发生下述情况时应在“官报”(一种官方定期发布告示等文件的载体)的上进行公示：

①进行了授权认证机构的授权时；

②按照有关标识的规定对不符合的电气用品禁止加贴标识时；

③发生了授权认证机构办公场所变更规定的申报时；

④发生了授权认证机构业务的暂停和终止规定的申报时；

⑤按照对授权认证机构的管理规定而取消授权认证机构资格，或者命令其停止认证业务时；

⑥按规定，经济产业大臣决定自行进行全部或部分认证业务时，或者决定不再自行进行全部或部分认证业务时；

⑦按规定，经济产业大臣决定要让“研究所”或“机构”进行全部或部分认证业务时，或者决定不再让“研究所”或“机构”进行全部或部分认证业务时；

⑧当授权认证机构违反了基本条件而按规定取消了授权资格时。

(2)公听会制度

经济产业大臣在计划制定、修改或废除“电气用品”的定义和范围或电气用品使用和销售的限制时，应召开公听会，广泛征求意见。

经济产业大臣依据规定召开公开听证会时，应至少提前 21 天就其主题、公开听证会的日期及场所、案件的内容以及提出意见的期限进行公告。

(3)对于异议的听取

①对依据《电气用品安全法》或基于该法的命令所做出的处分有审查要求或异议时，在做出裁决或决定之前，应提前一定时间向与该处分有关者发出预告，并公开听取意见；

②预告应包括日期、场所及事案内容；

③在进行意见听取时，应向与该处分有关者和有利害关系者出示关于该事案的证据，并给予处分有关者和有利害关系者陈述意见的机会。

(4)过渡性措施

在制定、修改或废止基于《电气用品安全法》规定的政令或经济产业省令的时候，在其制定、修改或废止工作的合理范围内，政令或经济产业省令应分别规定出所需要的过渡性措施。

5. 工作职责的委任

由于经济产业省主管事务繁多，很多时候不可能直接管理到具体事务，为了方便各相关方能够便捷、有效的开展认证工作，经济产业省将部分的行政职能下放到地方政府或地方经济产业局，并通过法规对此进行了规定。

(1)对于销售环节管理工作的委任

在《电气用品安全法》规定的经济产业大臣的职能权限中，与从事电气用品的销售业务者(自己制造或进口的电气用品的销售事业除外)有关的事务，由管辖其注册场所、办公场所或仓库的所在地的地方政府主管处理。在此种情形下，与《电气用品安全法》中所规定的事务有关的和关于经济产业大臣的规定，适用于地方政府主管。

按照规定处理了所规定的事务的地方政府主管，应按经济产业省令的规定，向经济产业大臣报告其结果。

(2)对于制造和进口管理工作的委任

《电气用品安全法》中规定属于经济产业大臣职能权限的事项，可由政令规定，委任给经济产业局长或产业保安监督部长管理。

当同一申报人用于制造同一个类别的电气用品的工厂等都在同一个经济产业局的管辖区内时，申报人关于事业的申报、继承等工作不必提交该经济产业大臣，其权限由管辖其工厂所在地的经济产业局长执行。

当同一申报人用于进口同一个类别的电气用品的办公场所、店铺或仓库等都在同一个经济产业局的管辖区内时，申报人有关事业的申报、继承等工作不必提交经济产业大臣，其权限由管辖其办公场所、店铺或仓库的所在地的经济产业局长执行。

第三章

日本电气用品合格评定——PSE 认证

第一节　合格评定的方法——PSE 认证制度

一、PSE 认证制度的概述

PSE 是英文 Product Safety of Electrical Appliance & Materials 的简称。日本的法律法规中从来没有正式的将 PSE 特定电气产品的合格评定工作叫做 PSE 认证制度，但却从各个层次的法律、法规中提炼出有关 PSE 认证实施的指导性内容，实际上对于该项认证工作的主要环节都进行了规定，可以形成一个完整的操作体系。为便于理解，并参照中国认证制度的实施方式，本文将这种提炼出的关于 PSE 合格评定的规定称为 PSE 认证制度。

PSE 认证制度只是提出了一些原则性的步骤，具体认证工作的实施由授权的认证机构自行规定，但同时自行承担风险。

日本 PSE 认证制度包含如下要求：

(1)电气用品的申报人应遵守的义务；

(2)特定电气用品由指定机构评定的程序；

(3)证书的要求；

(4)标识的使用；

(5)豁免的情况。

二、电气用品的申报人应遵守的义务

根据《电气用品安全法》的规定，特定电气产品进入日本市场时，或是生产该电气用品时，必须办理相关的进口或生产业务登记手续，该登记手续称为事业申报，进行申报工作的责任方简称为申报人。

申报人有义务保证其产品满足、符合经济产业省令的技术要求。《电气用品安全法》明确规定了申报人的义务、申报人对产品进行自主检查，并准备和保存检查记录。

申报人对产品进行的检查要按照《施行规则》中规定的检查方法进行自主检查，具体的方法见表 3-1。

表 3-1　电气用品的自主检查方法

1、关于对特定电气用品的检查

(1)关于对制造工序的检查

对特定电气用品的制造工序进行检查，就是根据制造方法，选用适当的方式对该特定电气用品的构造、材质以及性能进行检查

(2)关于对成品的检查

①对于熔断器(不含热熔断体)要对外观进行检查

②对于下表左栏中所列的特定电气用品，要对外观、绝缘耐力、通电及同表右栏中规定的事项进行检查

③其他特定电气用品要对外观、绝缘耐力及通电进行检查

以上每一项检查都要按照技术基准规定的试验方法或与此同等以上的方法进行

备注：对过电流保护的特性检查，要按照第一项技术基准附表 4 中的第 3(3)ト(イ)A 或 b 条规定的试验方法或与此同等以上的方法进行。对于漏电保护特性检查，按照第一项技术基准附表 4 中第 3(3)チ(ロ)A(A)或 d 条款规定的试验方法或与此同等以上的方法进行

<table>
<tr><td colspan="2">特定电气用品</td><td>检查事项</td></tr>
<tr><td colspan="2">配线用断路器</td><td>过电流保护特性</td></tr>
<tr><td rowspan="2">漏电断路器</td><td>时间类型为高速型</td><td>过电流保护特性及漏电保护特性</td></tr>
<tr><td>其他</td><td>过电流保护特性</td></tr>
<tr><td colspan="2">电流限流器</td><td>工作特性</td></tr>
<tr><td colspan="2">《施行令》附表第 1 第 6 号到第 10 号中所列的机械器具装有防止温度过度升高的装置，即自动温控开关</td><td>防止温度过度升高的装置，即自动温控开关的工作特性</td></tr>
</table>

(3)关于对试料的检查

当特定电气用品的主要材料或部件、结构、制造工艺或制造设备发生变更时，为了确保该特定电器用品的材料、部件、半成品或完成品符合技术标准要求，必要时，应对规定的试料进行检查，使用规定的试验方法或等同方法

2、对《施行令》中规定的电气用品进行检查

(1)对于电线管类及其附带品、电缆配线用开关盒、熔断器、白热灯泡、荧光灯及装饰用电灯器具等产品，进行外观检查

(2)对于皮带式输送机及理发椅子进行外观和绝缘耐力检查

(3)对于其他电气用品进行外观、绝缘耐力及通电检查

以上检查需逐项按照规定的试验方法或等同方法进行

注：号、ト(イ)、チ(ロ)为日文中表示条款号的文字，由于第一项基准的特殊格式和写法，在此直接引用。

完成检查工作后，申报人需要制作检查记录，检查记录可以不拘泥于形式和格式，但需要涵盖以下的主要内容：

(1)电气用品的品名和型式区分以及结构、材质、性能的概要；

(2)检查日期及场所；

(3)检查人姓名；

(4)被检查电气用品的数量；

(5)检查方法；

(6)检查结果。

申报人应妥善保存检查记录，保存期限自检查之日起三年内，以备日本有关方面的检查。检查记录除使用纸面记录以外，还可以使用电磁式的方法(指电子式方法、电磁式方法及其他的人的知觉所能认识的方法)进行制作、保存。可根据需要随时取阅。

三、电气用品的合格评定

日本电气用品的合格评定程序：一种是针对非特定电气用品，采用申报人自主评价和自我声明的方式。

另一种是针对特定电气用品，除申报人要进行自主检查以外，还要求申报人必须采用委托第三方机构评价的方式。

1. 非特定电气用品的合格评定

对于非特定电气用品，一般只要求产品符合经济产业省令的技术要求(标准)，如果企业具备相关产品的技术研究能力，掌握日本经济产业省令的技术要求，并具备对应的检测能力的话，企业可以自行对产品进行检测，以验证产品是否符合技术要求。这一过程需要企业自己负责，如果发生产品不符合要求的情况，企业就将会被日本政府依据《电气用品安全法》进行处罚。

大多数企业往往寻求第三方认证机构的帮助，尤其是获得日本政府授权可以开展特定电气用品认证的第三方认证机构。采购商往往因为担心受到法律的连带责任，或是对供货商的技术实力产生怀疑而要求产品的生产者或供货商进行第三方认证机构委托的方式。

2. 特定电气用品的合格评定

特定电气用品的申报人必须要取得日本政府授权的第三方认证机构出具的产品认证合格证书。

《电气用品安全法》规定，授权的认证机构可以采用两种模式对申请认证的产品进行认证，并出具证书，这两种模式分别是：

(1)对申报的特定电气用品进行评定；

(2)除对特定电气用品进行型式试验外，还需对制造工厂所使用的检测设备等进行评定。

对于批次产品推荐采用第一种模式，测试结果符合技术要求，认证机构可根据经济产业省令的规定，向该申报人出具证书。具体的测试方案由认证机构自己制定，只要保证该申报的特定电气用品测试合格即可。

对于批量产品推荐采用第二种模式，合格评定的依据由两部分组成，其一为评定的产品符合技术基准，其二生产场所内的检测设备符合技术要求，但是经产省保留增加新要求的权力。

第二种认证模式中的产品测试与第一种模式是不同的。

产品的试验过程往往采用送样方式，即要求认证的申请人将样品送到指定的检测机构进行检测。检测机构根据产品的类型按照PSE标准的要求进行试验，并出具试验报告，对产品与标准要求的符合性进行评定。

在进行工厂检查时，申报人必须保证其检测设备符合日本电气用品安全法施行规则别表四检查设备的要求，并由认证机构派出的现场检查工作组进行现场评定，确认其与要求的符合性。

四、合格评定证书和与证书等效文件

1. 认证证书

特定电气用品认证的证书样式由各授权认证机构自行设计，并对其负责。日本电气用品安全法施行规则明确规定了特定电气用品认证证书必须包含的内容，主要有：

(1)认证机构的名称；

(2)申请人的姓名或名称及地址；

(3)特定电气用品的型式区分；

(4)制造工厂或场所的名称及所在地；

(5)认证模式；

(6)产品符合的技术基准；

(7)证书颁布的日期。

2. 证书的有效期和要求

PSE认证制度中对特定电气用品证书的有效期进行了规定，依据每种产品的特点不同，其证书的有效期间也不同。如下表3-2所示：

表3-2 特定电气用品的认证有效期

<table>
<tr><th>产品大类</th><th colspan="2">产品描述</th><th>有效期</th></tr>
<tr><td rowspan="5">一、电线(仅限于额定电压100V以上、600V以下者)</td><td rowspan="2">(一) 绝缘电线(仅限于导体的截面积100mm² 以下者)</td><td>1. 橡胶绝缘电线(含绝缘体为合成橡胶者</td><td>7年</td></tr>
<tr><td>2. 合成树脂绝缘电线(不含《别表第二》第一号(一)所载者)</td><td>7年</td></tr>
<tr><td colspan="2">(二) 电缆(刚性电缆)(仅限于导体截面积22mm² 以下、线芯7根以下、护套为橡胶[包括合成橡胶]或合成树脂者)</td><td>7年</td></tr>
<tr><td colspan="2">(三) 软线</td><td>7年</td></tr>
<tr><td colspan="2">(四) 铠装柔性电缆(仅限于导体截面积100mm² 以下、线芯7根以下者)</td><td>7年</td></tr>
</table>

续表 3-2

产品大类	产品描述		有效期
二、熔断器（仅限于额定电压 100V 以上、300V 以下、用于交流电路者）	（一）热熔断器		7 年
	（二）其他熔断器（仅限于额定电流 1A 以上、200A 以下［若为电机用熔断器，则该电机的额定容量为 12kW 以下］者；《别表第二》第三号所示者及半导体保护用速熔熔断器除外）		7 年
三、下述布线设备（仅限于额定电压 100V 以上、300V 以下［若是荧光灯座，则为 100V 以上、1000V 以下］、用于交流电路者；防爆型及油浸型除外）	（一）翻转开关、拉线开关、定时开关和其他开关（仅限于额定电流 30A 以下者。《别表第二》第四号（一）所示者及组装到机械器具内部的具有特殊构造者除外）		7 年
	（二）下述开关（仅限于额定电流 100A 以下［若为电机用开关，则该电机的额定容量为 12kW 以下］者。组装到机械器具内部的具有特殊构造者除外）	1. 盒装开关（含带盖开关）	7 年
		2. 浮动开关	7 年
		3. 压力开关（仅限于额定动作压力为 294kPa 以下者）	7 年
		4. 缝纫机用控制器	7 年
		5. 布线用断路器	7 年
		6. 漏电断路器	7 年
	（三）断流器（仅限于额定电流 100A 以下、安装链熔线或栓型熔断器者）		7 年
	（四）下述的连接器及其附件（仅限于额定电流 50A 以下、极数为 5 以下者。具有除定时开关机构以外的开关构造者包括在内）	1. 插入式插销和插座（不含《别表第二》第四号（三）所示者及组装进机械器具内的特殊构造者）	7 年
		2. 螺旋式插销和插座（不含组装进机械器具内的特殊构造者）	7 年
		3. 灯座（不含组装进电灯器具之外的机械器具内的特殊构造者）	7 年
		4. 灯线盒	7 年
		5. 接线箱	7 年
四、限流器（仅限于额定电压 100V～300V、额定电流 100V 以下、用于交流电路者）			7 年

续表 3-2

产品大类	产品描述		有效期
五、下述的小型单相变压器及放电灯镇流器(仅限于额定初级电压[若为非变压式的放电灯镇流器，则为额定电压]在100V～300V，额定频率[若为双重额定频率，则为其中一个频率。下同]为50Hz或60Hz，用于交流电路者)	(一)下述的小型单相变压器(仅限于额定容量500VA以下者)	1. 家用设备用变压器(不含2所示者、《别表第二》第五号(一)1及5所示者、组装进机械器具里的构造特殊者)	7年
		2. 电子应用机械器具用变压器(仅限于额定容量超过10VA的电源变压器，不含组装进机械器具里的构造特殊者)	7年
	(二)下述的放电灯镇流器(仅限于所适用的放电管的额定消费电力合计额在500W以下者	1. 荧光灯用镇流器(不含组装进电灯器具之外的机械器具里的构造特殊者)	7年
		2. 水银灯用镇流器及其他高压放电灯镇流器(不含组装进电灯器具之外的机械器具里的构造特殊者)	7年
		3. 臭氧发生器用镇流器	7年
六、下述的电热器具(仅限于额定电压在100V～300V、额定消费电力10kW以下、用于交流电路者)	(一)电马桶座圈		5年
	(二)电温柜		5年
	(三)水管防冻器、玻璃防雾器及其他防冻防露电热器具		7年
	(四)电热水器		5年
	(五)电热式吸入器及其他家用电热治疗器(《别表第二》第七号(五十七)所示者除外)		5年
	(六)电蒸汽浴室及蒸汽浴室用电热器		5年
	(七)电桑那浴室及桑那浴室用电热器		5年
	(八)观赏鱼用电热器		5年
	(九)观赏植物用电热器		5年
	(十)电热式玩具		5年

续表 3-2

产品大类	产品描述	有效期
七、下述的电动力应用机械器具(仅限于额定电压在 100V～300V、额定频率 50Hz 或 60Hz、用于交流电路者)	(一)电动泵(仅限于额定消费电力 1.5kW 以下者。《别表第二》第八号(六十五)所示者以及真空泵、油泵、沙泵和组装进机械器具内的构造特殊者除外)	5 年
	(二)冷藏用或冷冻用的展示柜(仅限于额定消费电力 300W 以下的有冷却装置者)	5 年
	(三)冰淇淋机(仅限于额定消费电力 500W 以下的使用电机者)	5 年
	(四)食物垃圾处理机(仅限于额定消费电力 1kW 以下者)	5 年
	(五)电按摩器	5 年
	(六)自动清洗干燥式马桶	5 年
	(七)自动售货机(仅限于有电热装置、冷却装置、放电灯或液体收容装置者。不含售车票用者)	5 年
	(八)电气泡发生器(非澡盆用者仅限于额定消费电力 100W 以下者)	3 年
	(九)电动式玩具及其他电动力应用游戏器具(不含《别表第二》第八号(六十九)所示者)	5 年
八、高频脱毛器(仅限于额定电压在 100V～300V、额定高频输出 50W 以下、额定频率为 50Hz 或 60Hz、用于交流电路者)		3 年
九、如下所述的、第二号至第八号以外的交流用电气机械器具(仅限于额定电压在 100V～300V、额定频率为 50Hz 或 60Hz 者)	(一)磁气治疗器	3 年
	(二)电击杀虫器	5 年
	(三)电浴器用电源装置	5 年
	(四)直流电源装置(含交直流兼用,仅限于额定容量 1kVA 以下者,不含无线电通信机实验用或其他构造特殊者)	5 年
十、额定电压在 500V 以下,额定功率 3kW(直流)和 3kVA(交流)的便携发电机组		5 年

《电气用品安全法》规定,依据第二种认证模式获得认证证书后,如果申报人申报的产品与获证产品相同,并且在证书有效期间之内,可不必对申报产品进行重复认证。

发证的认证机构会对获证产品进行监督。这种监督由认证机构自行规定并操作的。

3. 与认证证书等效的文件

PSE 认证制度承认与证书起等效作用的文件。经济产业省令所规定:当特定电气用品的申报人保存有与认证证书等效的文件时,该特定电气用品可不用获得认证证书。目前该类文件主要有三种:

(1)对于进口的特定电气用品,外国制造商持有的证书副本可视为等效文件。证书副本的有效期应处于原证书的有效期内。

(2)对于进口的特定电气用品,原证书是依据第二种认证模式获得的。制造商仅限于申报人持有的证书副本可视为等效文件。证书副本的有效期应处于原证书的有效期内。

(3)上述两种情况外，经济产业大臣特别承认的文件。

五、标识的使用

PSE 标识是 PSE 认证制度中的重要环节，它不仅直接向电气用品的使用者或消费者传达产品的质量信息，而且还是政府监管措施的最直接体现。

1. 标识的使用条件

申报人履行了所有申报义务，并且保证所申报的电气产品满足法规所规定的要求和技术基准，则申报人可在该电气用品上加施符合经济产业省令规定的标识。

申报人按规定在获证电气用品上加施标识，不得在未获证电气用品上加施标识或类似标识。

2. 标识的使用方法和内容

《施行规则》对 PSE 认证后的标识有如下要求：

(1)若申报产品为特定电气用品时，采用 PSE 菱形标识，标识中应包括申报人的名称、发证机构的名称及电气参数。对于电线、熔断器、配线器具等零部件，可用“<PS>E”代替 PSE 菱形标志。

(2)若申报产品为非特定电气用品，采用 PSE 圆形标志，标识中应包括申报人的名称。

对于电线、电线管类及其附属品、熔断器、配线器具等零部件，可用“(PS)E”代替 PSE 圆形标志。

标识的使用方法参见下表 3-3 所示：

表 3-3　电气用品的标示方法

电气用品	标识方法
电线	1. 对于除氟树脂绝缘电线之外的电线，应在电线表面按 1m 以内的间距(若是 600V 橡皮绝缘电线、橡皮软线等难于在表面进行标识的电线，则应在放入电线被覆之内的带子上连续地)用不易脱落的方法进行标识。但是对于特定电气用品，若在每一卷电线的标签上标记认证机构的名称(以下简称“认证机构名”)时，可以省略认证机构名 2. 对于氟树脂绝缘电线，应以不易脱落的方法，标识在每一卷电线的标签上 3. 对于专门用于组装到预制房屋用的结构板材之内的电线，若以不易脱落的方法在结构板材上进行标志，则可以省略电线标识
电温床线	应在发热体与引出线的连接部或者与此相近的部位的绝缘被覆表面，用不易脱落的方法进行标识

续表 3-3

电气用品	标识方法
电线管类及其附带品、电缆配线用开关盒	1. 除合成树脂制挠性电线管、CD 管、一类金属制挠性电线管及二类金属制挠性电线管以外，应在表面用不易脱落的方法进行标识。但若在包装容器的表面用不易脱落的方法标识附表七的记号或申报事业者的姓名或名称(以下简称"申报事业者")时，可以省略 2、对于合成树脂制挠性电线管、CD 管、二类金属制挠性电线管之中的易于在表面以不易脱落的方法进行标识者以及一类金属制挠性电线管，应在管表面按 1m 以内间距用不易脱落的方法进行标识 3、对于合成树脂制挠性电线管、CD 管、二类金属制挠性电线管之中的难于在表面进行标识者，应在距管端 50cm 以内的位置用标签等进行标识，并且在包装纸表面的明显位置用不易脱落的方法进行标识
熔断器	1、在温度熔断器的表面用不易脱落的方法进行标识。但是在包装容器的表面用不易脱落的方法标示菱形标志时，认证机构名或申报事业者名可任选一项，另一项可以省略 2、对于钩爪熔断器，在钩爪的表面；对于管形熔断器，在管的表面，用不易脱落的方法进行标识. 但是在包装容器的表面用不易脱落的方法标示菱形标志时，认证机构名或申报事业者名可任选一项，另一项可以省略 3、对于封闭式熔断器(除管形熔断器以外)，在表面用不易脱落的方法进行标识。但是对于电子机器用品，当在包装容器的表面用不易脱落的方法标出第 17 条各号所规定的记号(对于特定电气用品，则为该标识及认证机构名称)或申报事业者名中任意一项时，则可以省略
配线器具	在表面明显的位置，用不易脱落的办法进行标识。但是、对于组装入机械器具内的配线器具及螺旋型电线连接器，当在包装容器的表面用不易脱落的方法按照第 17 条各号规定进行标识时，可以省略；对于专用于敷设入房屋等的配线器具(专用于组装到预制房屋用的结构板材之内的配线器具除外)，可以用在包装容器的表面用不易脱落的方法标识第 17 条各号所规定的记号(若系特定电气用品，则为该标识及认证机构名)或申报事业者名中任意一项的方法来代替；对于专用于组装到预制房屋用的结构板材之内的配线器具，当用不易脱落的方法在该结构板材上进行标识时，则可以省略
限流器	在表面明显的位置，用不易脱落的办法进行标识
小型单相变压器、稳压器及放电灯镇流器	在表面明显的位置，用不易脱落的办法进行标识。对于组装入机械器具内的小形单相变压器，当在其包装容器的表面用不易脱落的方法标识申报事业者名(若是特定电气用品，则为申报事业者名及认证机构名)时，则可以省略
小型交流电机	在表面明显的位置，用不易脱落的办法进行标识
电热器具	在表面明显的位置，用不易脱落的办法进行标识
电动力应用机械器具	在表面明显的位置，用不易脱落的办法进行标识
光源及光源应用机械器具	在表面明显的位置，用不易脱落的办法进行标识。但是对于白热灯泡及荧光灯，当在每一个灯泡的包装纸的表面明显的位置用不易脱落的方法进行标识时，可以省略。对于装饰用电灯器具，当对每一个器具用不易分离而且不易脱落的标签进行表示时，则可以省略

续表 3-3

电气用品	标识方法
电子应用机械器具(包含令别表第 1 第 8 号所述者在内)	在表面明显的位置,用不易脱落的办法进行标识
交流用电气机械器具(《令》附表第 1 第 9 号及《令》附表第 2 第 11 号所述者)	在表面明显的位置,用不易脱落的办法进行标识
便携发电机组	在表面明显的位置,用不易脱落的办法进行标识
(备注)标识的各项内容原则上应互相接近	

3. 标识中的简称

依据上述的标识要求,标识中需要记录申报人或认证机构的名称。《电气用品安全法》规定,申报人或认证机构可以向日本经济产业省进行申请,向经济产业大臣提交符合一定格式要求的申请书或者申报书,将名称的简称或是登记的商标进行注册。

当名称的简称或商标得到了经济产业大臣的批准,申报人就可以在需要加施标识的地方使用已获承认的简称或已申报的批准商标。

4. 禁止使用标识的情况

当经济产业大臣认为有下述情形发生时,有权在一年之内,禁止申报人在相应的电气用品上加施 PSE 标识。

(1)申报人所申报的电气用品不符合规定的技术基准,经济产业大臣认为特别有必要采取措施以防止发生危险,对于不符合该技术基准的电气用品禁止加施 PSE 标识。

(2)申报人所申报的电气用品违反申报所必须的条件,对于违反的电气用品禁止加施 PSE 标识。

(3)申报人所申报的电气用品违反标识使用规定,对于违反的电气用品禁止加施 PSE 标识。

六、合格评定的豁免情况

《电气用品安全法》规定:当申报人申报的电气产品属于以下情况时,可免予进行合格评定。

(1)属于特定用途的电气用品,在得到经济产业大臣的承认时,则该产品不受技术基准符合性的限制。《电气用品施行令》对于得到“经济产业大臣的承认”附加一定的条件。

(2)当电气用品属于试验性质,则该产品不受技术基准符合性的限制。

(3)当电气用品属于出口或转口贸易时,则该产品不受技术基准符合性的限制。

第二节　合格评定的对象——电气用品的分类及解释

日本《电气用品安全法》对于管辖的电气用品根据产品风险程度划分为特定电气用品和非特定电气用品两大类。这两类产品的目录是随时变化的。例如，碎纸机产品原属于非特定电气用品，然而随着社会的发展，碎纸机大量进入普通家庭使用，在日本发生了数起伤害儿童手指的事件，所以日本经济产业省计划将碎纸机调整列为特定电气用品管理。

一、特定电气用品分类

目前，《电气用品安全法》规定了116种产品为特定电气用品。如表3-4所示。

表3-4　特定电气用品列表

序号	日文	中文	英文
一、電線 / 电线电缆 / Cables, Cords			
1	ゴム絶縁電線	橡胶绝缘电线	Rubber insulated cable
2	合成樹脂絶縁電線	合成树脂绝缘电线	Plastic insulated cable
3	ケーブル(導体の断面積が22mm² 以下のもの)(ゴムのもの)	电缆(导体标称截面积22mm² 以下)(橡胶)	Cable(Rubber)
4	ケーブル(導体の断面積が22mm² 以下のもの)(合成樹脂のもの)	电缆(导体标称截面积22mm² 以下)(合成树脂)	Cable(Plastic)
5	単心ゴムコード	单芯橡胶软线	Single-core rubber cord
6	より合わせゴムコード	绞合橡胶软线	Twisted rubber cord
7	袋打ちゴムコード	袋形编织橡胶软线	Textile braided rubber cord
8	丸打ちゴムコード	圆形编织橡胶软线	Round braided rubber cord
9	その他のゴムコード	其他橡胶软线	Other rubber cords
10	単心ビニルコード	单芯聚氯乙烯软线	Single-core PVC cord
11	より合わせビニルコード	绞合聚氯乙烯软线	Twisted PVC insulated cord
12	袋打ちビニルコード	袋形编织聚氯乙烯软线	Textile braided PVC cord
13	丸打ちビニルコード	圆形编织聚氯乙烯软线	Rounded braided PVC cord
14	その他のビニルコード	其他聚氯乙烯软线	Other PVC cords
15	単心ポリエチレンコード	单芯聚乙烯软线	Single-core polyethylene cord
16	その他のポリエチレンコード	其他聚乙烯软线	Other polyethylene cords

续表 3-4

序号	日文	中文	英文
17	単心ポリオレフィンコード(合成樹脂)	单芯聚烯烃软线(合成樹脂)	Single-core polyolefine cord (Plastics)
18	その他のポリオレフィンコード(合成樹脂)	其他聚烯烃软线(合成樹脂)	Other polyolefine cords (Plastics)
19	キャブタイヤコード(ゴム)	护套软线(橡胶)	Sheathed flexible cord(Rubber)
20	キャブタイヤコード(合成樹脂)	护套软线(合成树脂)	Sheathed flexible cord(Plastics)
21	金糸コード(合成樹脂)	金属箔软线(合成树脂)	Tinsel cords (Plastics)
22	ゴムキャブタイヤケーブル	橡胶护套软电缆	Rubber sheathed flexible cable
23	ビニルキャブタイヤケーブル(ゴム)	聚氯乙烯护套软电缆(橡胶)	PVC sheathed flexible cable (Rubber)
24	ビニルキャブタイヤケーブル(合成樹脂)	聚氯乙烯护套软电缆(合成树脂)	PVC sheathed flexible cables (Plastics)
25	耐熱性ポリオレフィンキャブタイヤケーブル(合成樹脂)	耐热聚烯烃护套软电缆(合成樹脂)	Heat resisting polyolefine sheathed flexible cable (Plastics)
二、ヒューズ / 熔断器 / Fuses			
26	温度ヒューズ	热熔断器	Thermal-link
27	つめ付ヒューズ	链熔断器	Link fuse
28	管形ヒューズ	管状熔断器	Cartridge fuse
29	その他の包装ヒューズ	其他封闭式熔断器	Other enclosed fuses
三、配線器具 / 配线器具 / Wiring Devices			
30	タンブラースイッチ	翻转开关	Tumbler switche
31	中間スイッチ	软线开关	Switches in flexible cord
32	タイムスイッチ	定时开关	Time switche
33	ロータリースイッチ	旋转开关	Rotary switche
34	押しボタンスイッチ	按钮开关	Pushbutton switche
35	プルスイッチ	拉线开关	Pull switche
36	ペンダントスイッチ	悬吊开关	Pendant switche
37	街灯スイッチ	街灯开关	Streetlamp switche
38	光電式自動点滅器	光电式自动开关	Photoelectric automatic switche
39	その他の点滅器	其他开关	Other switches
40	箱開閉器	盒装开关	Box switche
41	フロートスイッチ	浮动开关	Float switche
42	圧力スイッチ	压力开关	Pressure switche

续表 3-4

序号	日文	中文	英文
43	ミシン用コントローラー	缝纫机控制器	Sewing machine controller
44	配線用遮断器	配线用断路器	Molded case circuit breaker
45	漏電遮断器	漏电用断路器	Residual current operated circuit breaker
46	カットアウト	切断开关	Cutout
47	差込みプラグ	插塞插头	Attachment plug
48	コンセント	插座	Socket-outlet
49	マルチタップ	多插头插座	Multiple socket-outlet
50	コードコネクターボディ	电线连接器	Cord connector bodie
51	アイロンプラグ	电熨斗插头	Flatiron plug
52	器具用差込みプラグ	器具用插头	Appliance connector
53	アダプター	转换器	Adaptor
54	コードリール	卷线盘	Cord reel
55	延長コードセット	电线延长线组件	Cord extension set
56	その他の差込み接続器	其他插头连接器	Other plug coupler
57	ランプレセプタクル	灯座	Lamp receptacle
58	セパラブルプラグボディ	可分离插头	Separable plug body
59	その他のねじ込み接続器	其他螺旋式连接器	Other screw coupler
60	蛍光灯用ソケット	荧光灯座	Fluorescent lampholder
61	蛍光灯用スターターソケット	荧光灯启动器座	Fluorescent starter holder
62	分岐ソケット	分歧灯口	Split socket
63	キーレスソケット	无键插口	Keyless socket
64	防水ソケット	防水灯口	Waterproof socket
65	キーソケット	开关灯口	Key socket
66	プルソケット	抽拉灯口	Pull socket
67	ボタンソケット	按钮灯口	Pushbutton socket
68	その他のソケット	其他灯口	Other sockets
69	ねじ込みローゼット	螺旋灯线盒	Screw-in rosette
70	引掛けローゼット	悬挂灯线盒	Hookup rosette
71	その他のローゼット	其他灯线盒	Other rosette
72	ジョイントボックス	接线盒	Joint box
四、電流制限器 / 限流器 / Current Limiters			
73	アンペア制用電流制限器	安培制电流控制器	Meter rate current limiter
74	定額制用電流制限器	定额制电流限制器	Flat rate current limiter
五、変圧器・安定器 / 变压器，镇流器 / Transformers，Ballasts			
75	おもちゃ用変圧器	玩具变压器	Transformers for toys

续表 3-4

序号	日文	中文	英文
76	その他の家庭機器用変圧器	其他家用器具变压器	Other household appliance transformers
77	電子応用機械器具用変圧器	电子应用机械器具用变压器	Electronic appliance transformer
78	蛍光灯用安定器	荧光灯镇流器	Ballasts for fluorescent lamps
79	水銀灯用安定器その他の高圧放電灯用安定器	水银灯镇流器及其他高压放电灯镇流器	Ballasts for mercury vapor lamps and ballasts for other high pressure discharge lamps
80	オゾン発生器用安定器	臭氧发生器镇流器	Ballasts for ozonizer
六、電熱器具 / 电热器具 / Electric Heating Appliances			
81	電気便座	电马桶座圈	Electric heated toilet seat
82	電気温蔵庫	电温柜	Electric hot cupboard
83	水道凍結防止器	水道结冻防止器	Electric pipe freeze prevention heater
84	ガラス曇り防止器	玻璃结露防止器	Glass dew-prevention heater
85	その他の凍結・凝結防止用電熱器具	其他冷冻及凝固防止用电热器具	Electric heaters for freeze and condensation prevention
86	電気温水器	电热水器	Electric storage water heater
87	電熱式吸入器	电热式吸入器	Electric inhalator
88	家庭用温熱治療器	家用热水治疗器	Household heating therapeutic appliance
89	電気スチームバス	电蒸汽浴室	Electric steam bath
90	スチームバス用電熱器	蒸气浴室用电加热器	Electric heaters for steam bath
91	電気サウナバス	电桑拿浴室	Electric sauna bath
92	サウナバス用電熱器	桑拿浴室用电加热器	Electric heaters for sauna baths
93	観賞魚用ヒーター	观赏鱼用电热器	Aquarium heater
94	観賞植物用ヒーター	观赏植物用电热器	Heating appliances for garden plants
95	電熱式おもちや	电热式玩具	Electric heated toy
七、電動力応用機械器具 / 电动力应用机械器具 / Electric Motor-operatied or Magnetically Driven Appliances			
96	電気ポンプ	电泵	Electric pump
97	電気井戸ポンプ	电井泵	Electric well pump
98	冷蔵用のショーケース	冷藏展示柜	Refrigerating showcase

续表 3-4

序号	日文	中文	英文
99	冷凍用のショーケース	冷冻展示柜	Freezing showcase
100	アイスクリームフリーザー	冰淇淋机	Electric ice cream freezer
101	ディスポーザー	食物垃圾处理机	Electric food waste disposer
102	電気マッサージ器	电动按摩器	Electric massager
103	自動洗浄乾燥式便器	自动清洗干燥式马桶	Automatically washing and drying toilet
104	自動販売機	自动售货机	Vending machine
105	浴槽用電気気泡発生器	浴缸用电气泡发生器	Electric bubble generators for bathtubs
106	観賞魚用電気気泡発生器	观赏鱼用电气泡发生器	Electric bubble generators for aquariums
107	その他の電気気泡発生器	其他的电气气泡发生器	Other electric bubble generators
108	電動式おもちや	电动玩具	Electric motor-operated toy
109	電気乗物	电动车	Electric vehicle
110	その他の電動力応用遊戯器具	其他电动力应用游戏器具	Other electric motor-operated or electromagnetically driven amusement appliances
八、電子応用機械器具 / 电子应用机械器具 / Electronic Appliances			
111	高周波脱毛器	高频脱毛器	High-frequency depilator
九、その他の交流用電気機械器具 / 其他交流用电气机械器具 / Other AC Electric Appliances			
112	磁気治療器	磁疗器	Magnetic therapeutic appliance
113	電撃殺虫器	电击杀虫器	Electric insect killer
114	電気浴器用電源装置	电气浴器电源装置	Electric therapeutic bath controller
115	直流電源装置	直流电源装置	DC power supply unit
十、携帯発電機 / 携带发电机组 / Portable engine generators			
116	携帯発電機	携带发电机组	Portable engine generator
注:表中中、英文均为本书作者翻译,仅供参考。			

二、非特定电气用品分类

非特定电气用品为特定电气用品以外的种类,共计 341 种。

三、电气用品的解释

随着电气用品的发展,尽管有了产品种类的划分,依然很难将实际产品与《电气用品安全法》目录中的电气用品名称一一对应。因此电气用品的解释成为认证、检测工作中的重点和难点。

PSE 认证没有针对不同产品制定认证实施规则，而是由统一的《电气用品安全法》及其附属法规指导操作，但是特别发布了电气用品的解释等相关文件。

例如，某些产品同时具有多种功能，按照哪种功能给其定性将直接影响其危险性的判定。对此，电气用品的解释中明确采用如下方法解决：

(1)当电气用品以组件形式组装成一个整体，共用一个电源开关。在办理有关事业申报及相关手续时，可按一个电气用品名办理。若电气用品有两个以上的独立结构，则应按各电气用品名分别办理手续。"共用一个电源开关"指使用复合品的各功能时，原则上是用同一个开关(切换开关)进行切换。

(2)"一个电气用品名"按其主用途或最大消费电力而定。若属于特定与非特定电气用品的复合品，则以特定电气用品名为准。难以区分时，以政令所定之顺序靠前的电气用品名为准。

第三节　电气用品 PSE 认证的获取

经日本经济产业省评审及批准的认证机构，开展 PSE 认证，认证环节基本相同，认证实施的操作方法和收费等不尽相同。申请人可根据就近原则选择认证机构。中国质量认证中心(英文简称 CQC)是目前中国境内唯一获得日本经济产业省授权的 PSE 认证机构。目前中国质量认证中心获得授权开展 PSE 认证业务的范围见下表 3-5 所示。

表 3-5　中国质量认证中心 PSE 强制性认证业务的范围

法人名称・批准简称・申报商标登记/指定・登记日期	法人的联系方式	授权类别/指定・授权理由 (1 项):技术基准省令第 1 项 (2 项):技术基准省令第 2 项
中国质量认证中心 平成 24 年 4 月 6 日授权 (外国授权认证机构) (2012 年 4 月 6 日授权)	中华人民共和国北京市丰台区南四环西路 188 号 9 区 http://www.cqc.com.cn/	(授权区分) 1 电线(2 项) 2 熔断器(2 项) 3 配线器具(2 项) 4 限流器(1 项) 5 小型单相变压器及放电灯用镇流器(2 项) 6 电热器具(2 项) 7 电动力应用机械器具(2 项) 8 电子应用机械器具(1 项) 9 交流用电气机械器具(2 项) 10 便携发电机组(2 项) (授权理由等) 因为符合"特定电气用品认证"中授权认证机构的登记基准

一、获得 PSE 认证的流程介绍

认证机构根据需要选择适当的认证模式，制定相应的程序文件和作业指导书，保证认证工作的一致性和有效性。图 3-1 为中国质量认证中心 PSE 认证工作的流程图。

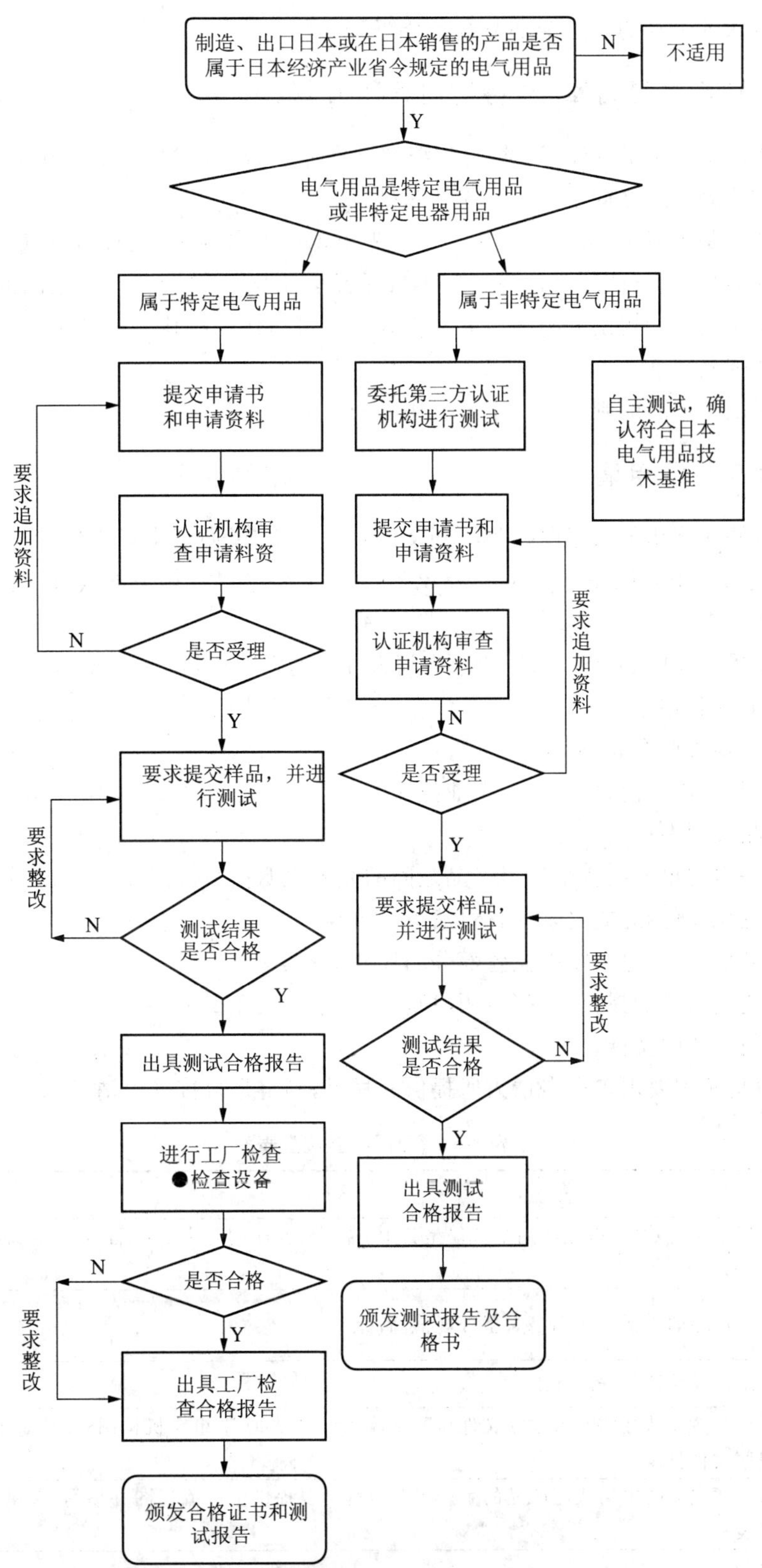

图 3-1 中国质量认证中心 PSE 认证工作流程图

下文中将对认证工作的每一个环节进行介绍。

二、辨别产品是否属于"特定电气用品"范围

企业在申请日本 PSE 认证时，首先要辨别产品是否属于"特定电气用品"范围，确定产品是否在管理目录之内是所有工作的基础。

辨别产品是否属于"特定电气用品"，首先根据产品名称查找《日本电气安全法》中的特定电气用品目录，若产品名称与特定电气用品名不同，可根据《电气用品的解释》对其特定电气用品名进行辨别分类。企业技术人员亦可向认证机构的专业人员咨询，确定该产品适用范围及标准。

非特定电气用品的判定与特定电气用品的判定方法基本一致。

三、提交认证申请

认证机构应将相关的程序作为公开文件对外发布，以便于申请人申请。申请人可以从中国质量认证中心网站(http://www.cqc.com.cn/)得到相关的公开文件，并根据要求在网上提交申请。

中国质量认证中心 PSE 认证要求申请人提交的资料包括：

(1)PSE 认证申请书；

(2)工厂检查调查表(见表 3-6)；

(3)申请人、制造商、生产厂的营业执照的复印件；

(4)产品说明书；

(5)同一申请单元内各个型号产品之间的差异说明；

(6)关键元器件和/或主要原材料清单；

(7)产品尺寸图、总装图以及各部分的尺寸图；

(8)制造商出具的授权证明(适用时)；

(9)其他需要的文件。

认证机构根据要求审查申请人所提供的材料，确定是否接受申请。

表 3-6 《工厂检查调查表》

序号	内容
1	工厂员工总数(如申证产品生产仅是其中一部分，要注明与申证产品生产、管理有关的员工人数)
2	申证产品的申请编号、名称、型号规格、商标
3	申请产品认证依据的标准
4	工厂是否按认证的要求建立文件化质量体系？要提供：①组织机构图；②质量手册目录；③程序文件目录
5	由工厂完成的申请认证产品的生产工艺流程。要提供生产流程图并填写《关键生产设备明细表》

续表 3-6

序号	内容
6	说明由分承包方提供的关键零部件和原材料(关键零部件和原材料如已通过认证的,需要注明)
7	具体说明为了确保最终产品符合相应标准,企业在进货检验、过程检验和最终检验中具备了哪些项目的检验能力。(需提供一份检验文件目录清单并填写《主要检测仪器、检测设备明细表》)
8	说明申请认证产品已获得的其他认证机构颁发的认证证书和认证标志
9	工厂的质量体系是否已通过质量体系认证?需要说明最近一次审核的日期及结论

四、产品的检测及判定

产品的检测及判定是企业在产品设计、生产、认证等工作中必须符合的主要技术条件。产品检测需要由具备检测能力的人员在具备检测所需客观条件的场所进行,所以一般申请人需要把认证产品的样品送到有 PSE 资质的检测机构,由检测机构对拟认证产品的样品按照规定的程序确定其一种或多种特性或性能,并以检测报告形式给出检测结果。

中国质量认证中心按照《电气用品安全法》及标准要求对委托实验室进行评审,只有得到经济产业省批准的实验室才能成为 CQC 的委托实验室。

五、送样

认证工程师受理认证申请后,会向申请人发出《送样通知》。《通知》中会告诉申请人需要准备的样品型号、数量,以及样品需送往的实验室名称、地址、联系方式等信息,并要求申请人在指定的时间内完成送样工作。

样品送到实验室后,检测工程师会根据具体产品的型号、规格等情况判断样品是否适合。发现不符合要求的情况后,认证工程师或检测工程师会及时通知申请人补送样品。

六、样品的测试及报告

实验室按照标准对样品进行检测,并根据检测结果出具产品相关检测报告。PSE 认证检测报告格式由中国质量认证中心制定并发布,PSE 检测实验室按照报告格式的要求出具检测报告。

企业送检的样品如果经检测不合格,检测机构会给企业发送整改通知,写明不合格情况。企业收到整改通知后应对产品进行整改。整改完成后,将整改好的样品送检测机构重新进行检测。

七、工厂检查要求

PSE 认证工厂检查的基本要求由日本《电气用品安全法施行规则》别表四检查设备的规定,规定了生产工厂的检测设备必须符合 PSE 认证的要求。要求见表 3-7。工厂检查员根据要求核查检测设备的目录、功能、精度及计量溯源性等。

表 3-7　电气用品测试设备及技术要求

电气用品	测试设备	技术要求
橡皮绝缘电线类	尺寸测量器	配备千分尺、游标卡尺或与这些仪器精度相同、可测量直径及厚度的测量器
	绝缘电阻试验设备	配备100V以上的直流电源装置、水槽及绝缘电阻计或电桥
	绝缘耐压试验设备	(1)配备变压器、电压调节器及电压计(精度在1.5级以上)或内装有这些装置的绝缘耐压试验机及水槽 (2)两次电压要能够容易且顺利地调整为电线类的绝缘耐压试验电压
	导体电阻试验设备	配备电桥及检流计或与这些仪器精度相同、能够测量导体电阻的设备
	拉伸试验设备	配备试样冲裁机、恒温槽及拉伸试验机
合成树脂绝缘电线类	尺寸测量器	要求同上
	绝缘电阻试验设备	要求同上
	绝缘耐压试验设备	要求同上
	导体电阻试验设备	要求同上
	拉伸试验设备	要求同上
链熔线	尺寸测量器	要求同上
	通电试验设备	配备电流调节装置及电流计(精度在0.5级以上)
包装熔断器	尺寸测量器	要求同上
	绝缘电阻试验设备	要配备500V绝缘电阻计或具有同等精度、能够测量绝缘电阻的设备
	通电试验设备	要求同上
热熔断器	尺寸测量器	同上
	熔断试验设备及温度试验设备	配备电流调节装置、电流计(精度在0.5级以上)及恒温槽(可以按1min1℃的比例使温度上升，恒温槽可以48h保持一定的温度)
	绝缘电阻试验设备	要求同上
配线器具	尺寸测量器	要求同上
	绝缘电阻试验设备	要求同上
	绝缘耐压试验设备	要求同上

续表 3-7

电气用品	测试设备	技术要求
限流器	尺寸测量器	要求同上
	绝缘电阻试验设备	要求同上
	绝缘耐压试验设备	(1)要配备变压器、电压调节器及电压计(精度 1.5 级以上)或内装有这些装置的绝缘耐压试验机 (2)两次电压要能够容易且顺利地调整为限流器的绝缘耐压试验电压
	开关试验设备及温度试验设备	配备开关试验机、电压调节器、电压计(精度 0.5 级以上)、电流计(精度 0.5 级以上)、负荷装置及热电耦温度计
	特性试验设备	配备电压调节器、电压计(精度 0.5 级以上)、电流计(精度 0.5 级以上)及负荷装置
小型单相变压器类	尺寸测量器	要求同上
	绝缘电阻试验设备	要求同上
	绝缘耐压试验设备	(1)要配备变压器、电压调节器及电压计(精度 1.5 级以上)或内装有这些装置的绝缘耐压试验机 (2)两次电压要能够容易且顺利地调整为小型变压器类的绝缘耐压试验电压
	温度试验设备	配备电压调节器、电压计(精度 0.5 级以上)、电流计(精度 0.5 级以上)及热电耦温度计
	空载试验设备	要配备电压调节器、电压计(精度 0.5 级以上)、电流计(精度 0.5 级以上)及功率计(精度 0.5 级以上)
电热器具	尺寸测量器	要求同上
	绝缘电阻试验设备	要求同上
	绝缘耐压试验设备	(1)配备变压器、电压调节器及电压计(精度 1.5 级以上)或内装有这些装置的绝缘耐压试验机 (2)两次电压要能够容易且顺利地调整为电动力应用机械器具的绝缘耐压试验电压
	温度试验设备	要求同上
电动力应用机械器具	尺寸测量器	要求同上
	绝缘电阻试验设备	要求同上
	绝缘耐压试验设备	(1)要配备变压器、电压调节器及电压计(精度 1.5 级以上)或内装有这些装置的绝缘耐压试验机 (2)两次电压要能够容易且顺利地调整为电动力应用机械器具的绝缘耐压试验电压
	温度试验设备	要求同上
	特性试验设备	配备电压调节器、电压计(精度 0.5 级以上)、电流计(精度 0.5 级以上)及功率计(精度 0.5 级以上)

续表 3-7

电气用品	测试设备	技术要求
电子应用机械器具	尺寸测量器	要求同上
	绝缘电阻试验设备	要求同上
	绝缘耐压试验设备	(1)要配备变压器、电压调节器及电压计(精度 1.5 级以上)或内装有这些装置的绝缘耐压试验机 (2)两次电压要能够容易且顺利地调整为电子应用机械器具的绝缘耐压试验电压
	温度试验设备	要求同上
交流用电气机械器具	尺寸测量器	要求同上
	绝缘电阻试验设备	要求同上
	绝缘耐压试验设备	(1)要配备变压器、电压调节器及电压计(精度 1.5 级以上)或内装有这些装置的绝缘耐压试验机 (2)两次电压要能够容易且顺利地调整为电气机械器具的绝缘耐压试验电压
	温度试验设备	要求同上
	特性试验设备	要求同上
携带发电机组	尺寸测量器	要求同上
	绝缘电阻试验设备	要求同上
	绝缘耐压试验设备	(1)要配备变压器、电压调节器及电压计(精度 1.5 级以上)或内装有这些装置的绝缘耐压试验机 (2)两次电压要能够容易且顺利地调整为携带发电机的绝缘耐压试验电压
	温度试验设备	要求同上
	特性试验设备	要配备电压计(精度 0.5 级以上)、电流计(精度 0.5 级以上)、功率计(精度 0.5 级以上)、电阻负荷装置及转速表或频率计

八、证书批准

型式试验和工厂检查结束后，认证工程师根据型式试验报告和工厂检查报告，并结合申请人提交的资料和资质证明等文件进行全面的评价。根据评价的结果，认证机构将会做出是否出具认证证书的决定。

根据日本《电气产品安全法》的有关规定，PSE 认证证书的内容包括：

(1)证书编号；

(2)申请人、制造商、生产厂的名称及地址；

(3)产品的名称、规格和描述；

(4)依据标准的标准号及版本号、修订号；

(5)认证模式；

(6)发证日期和证书有效期；

(7)发证机构全名和登录号;

(8)签发人手签章。

PSE认证证书采用日、英对照形式,一般在正页中列出获证的主要信息,而获证产品的描述(型式区分)由于固定篇幅的限制,一般放在副页中显示。图3-2a与图3-2b为中国质量认证中心PSE证书模版。

適合証明書

Certificate of Conformity

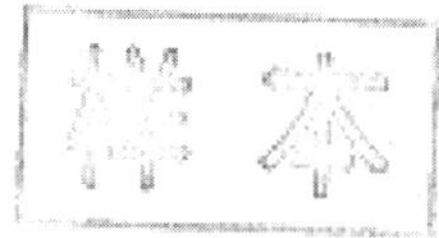

証明書番号 Certificate No.
XXXXXXX

申請者照会番号 Applicant Reference
XXXXXXXXXXXXXXXXXXX

発行年月日 Date of Issue
XXXXX 年 X 月 X 日

申請者 Applicant
XXXXXXXXXXXXXXXXXXX
XXXXXXXXXXXXXXXXXXX
XXXXXXXXXXXXXXXXXXX

製造工場 Factory
XXXXXXXXXXXXXXXXXXX
XXXXXXXXXXXXXXXXXXX
XXXXXXXXXXXXXXXXXXX

検査の方法 Standard for Certificate

· 省令第2項技術基準:XXXXXXXXXXX

Technical Requirements of the Ordinance of the Ministry of International Trade and Industry, Clause 2

· 施行規則別表第四

Appendix 4 of the Enforcement Regulations

特定電気用品名:
Name of Specified Electrical Appliance and Material
XXXXXXXXXXX
XXXXXXXXXXX

型式の区分:
Type Classification
(「添付書類」参照)
(Refer to Attachment)

モデル名:
Model
XXXXXXXXXXX

製造事業者:
Manufacturer
XXXXXXXXXXX

証明書の有効期間:
Validity of Certificate
XXXX 年 X 月 X 日までに有効です。
This certificate is expired on X Xth, XXXX

これは、上記申請者より申請のあった上記特定電気用品及び製造工場が、電気用品安全法第八条第一項に規定する技術基準及び同法第九条第二項の経済産業省令で定める基準に適合していることを証明するものです。

This is to certify that the above-mentioned Specified Electrical Appliances and Materials and the factory which the above-mentioned applicant applied for have been complied with the Technical Requirements stipulated by Article 8, Paragraph 1 of the Electrical Appliance and Material Safety Law and the requirements stipulated by the METI Ordinance specified in Article 9, paragraph 2 of the said law.

中国品質認証センター
CHINA QUALITY CERTIFICATION CENTRE

氏 名
Name

発行者
Issued by

CHINA QUALITY CERTIFICATION CENTRE

中国100070北京市南四環西路188号9区
Section 9, No.188, Nansihuan Xilu, Beijing 100070, China

PJ 0001165

图 3-2a PSE证书模版

适合証明書

Certificate of Conformity

添付書類　Attachment

証明書番号(Certificate No.)：
XXXXXXXX

発行日 Date of Issue：
XXXX年X月X日

【型式の区分 Type Classification】

特定電気用品：　XXXXXXXX
(Name of Specified Electrical Appliance and Material)　XXXXXXXX

要素	区分
XXXXXXXX	XXXXXXXX
	XXXXXXXX
XXXXXXXX	XXXXXXXX
	XXXXXXXX
XXXXXXXX	XXXXXXXX
	XXXXXXXX
	XXXXXXXX
	XXXXXXXX
	XXXXXXXX
XXXXXXXX	XXXXXXXX
	XXXXXXXX

中国品質認証センター
CHINA QUALITY
CERTIFICATION CENTRE

氏　名
Name

発行者
Issued by

中国100070北京市南四環西路188号9区
Section 9, No.188, Nansihuan Xilu, Beijing 100070, China

图 3-2b　PSE 证书附页模版

九、证书的使用

获得证书后，持证人需要按照认证机构的有关要求来正确使用证书。持证人获得了使用证书的权利，同时也必须履行规范使用证书的义务。持证人应妥善保管好证书，以免丢失、损坏；证书不准伪造、涂改、出借、出租、转让。对伪造、假冒、涂改、出租、转让及滥用认证证书者，认证机构有权力暂停或撤消其认证证书，并责令其采取纠正措施，必要时还可追究企业的有关法律责任。

十、获得 PSE 认证的其他便捷方式

对于计划申请 PSE 认证的企业，通过 CB 体系获得 PSE 认证证书是一种比较常见的便捷方式。

中国质量认证中心作为国际电工委员会电工产品合格测试与认证组织（IECEE）的中国国家认证机构（NCB），其颁发的 CB 测试证书被全球的 50 多个国家和地区所承认。如果某种产品既在认证中心的 CB 受理范围内，又在 PSE 认证范围内，则申请人均可进行 PSE+CB 同时申请，并通过一次试验，获得两张证书。

当 PSE 认证申请人已经持有有效的 CB 证书时，中国质量认证中心可以有条件的认可：

（1）申请单元的划分原则按《电气用品安全法施行规则》别表二型式区分进行。

（2）凡以 CB 证书申请的产品原则上均应送一台样机进行核查。如为同一 CB 证书覆盖的系列机，则需提供一台代表性样机。

（3）对以 CB 证书申请的产品，如果未能覆盖日本的国家差异，则应补做差异试验。

（4）核对 CB 报告中所列关键元器件清单与样机的关键元器件是否一致。

（5）型式实验完成后，需进行工厂检查。

完成上述工作后，申请人就可以快捷的拿到 PSE 认证证书。

十一、PSE 获证后的变更

申请人获得证书后，如果关键零部件的更替或者供货商变化，产品结构调整等，均需向认证机构申请变更。当持证人由于生产场地搬迁等原因而造成产品生产的质量保证能力发生变化时，持证人也需要向认证机构进行变更申请。

申请人申请变更时，应提交的变更申请至少应包括下列信息：

（1）已获得的 PSE 认证证书的编号及其相对应的 PSE 测试报告的编号；

（2）变更原因；

（3）变更项目及内容；

（4）相关技术资料（必要时）；

（5）联系方式。

变更申请书可以通过中国质量中心网站获得，原证书与上述资料一并提交。变更的处理情况由认证工程师判定并进行操作。

第 四 章

电气用品的对日出口

据中国海关统计，2011 年，中日双边贸易总值为 3428.9 亿美元，同比增长 15.1%。其中，我国对日本出口 1483 亿美元，同比增长 22.5%；从日本进口 1945.9 亿美元，同比增长 10.1%；对日本贸易逆差为 462.9 亿美元。

本章将重点介绍电气产品出口日本的程序、步骤要求和注意事项，并对电气产品进入日本市场的渠道进行简单分析。

第一节 电气用品出口流程

《电气用品安全法》规定，该法限定范围内的电气产品向日本出口时，必须由日本的进口商或代理商办理相关的进口业务登记手续，即事业申报。本章节将以进口商为进口业务的实施主体来描述向日本出口电气产品的流程。具体流程可参见图 4-1 所示。

PSE 认证没有针对不同产品制定认证实施规则，而是由统一的《电气用品安全法》及其附属法规指导操作，但是特别发布了电气用品的解释等相关文件。

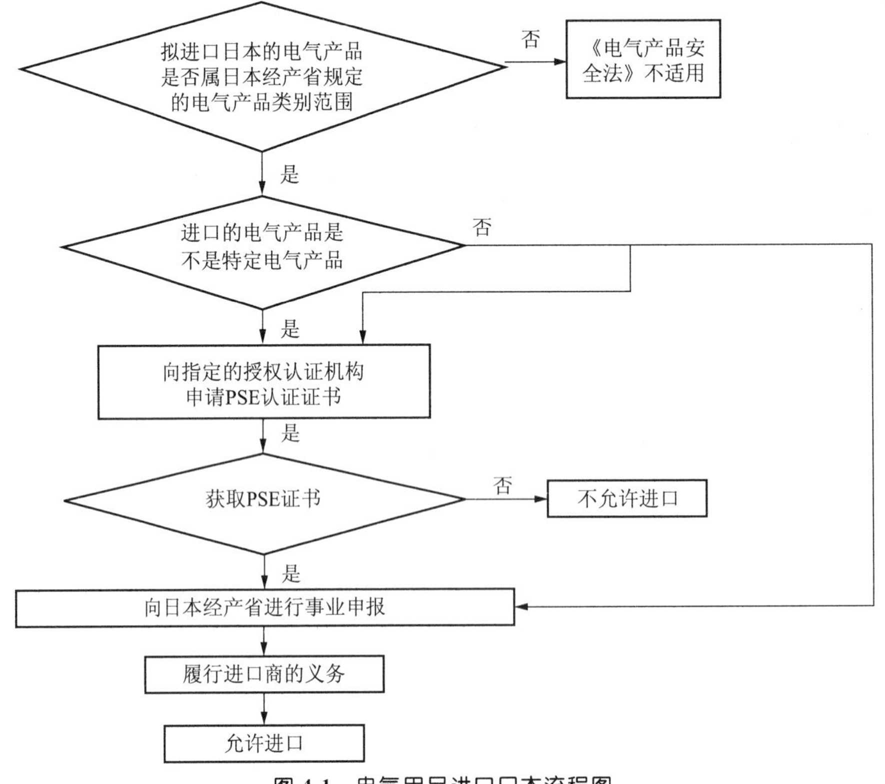

图 4-1 电气用品进口日本流程图

第二节 制造商和出口商须知

（1）电气产品制造商和出口商必须首先明确拟交易的电气产品是否属于《电气用品安全法》限定的产品范围，同时还需要判断其是否属于《电气用品安全法》中规定的特定电气用品。

（2）如果拟交易的电气产品属于非特定电气用品，则可由进口商或代理商直接向日本经济产业省申请事业申报。进口商或代理商必须确保所进口和交易的电气产品符合技术要求，也可以向中国质量认证中心申请 PSE 圆形委托检测。

（3）如果拟交易的电气产品属于特定电气用品范围，则该产品必须向日本经产省指定的授权认证机构申请认证，并取得 PSE 菱形认证证书。

（4）获得 PSE 证书后，制造商和出口商应该把证书副本交给日本的进口商或代理商，以便进口商和代理商向日本经济产业省申请事业申报。事业申报完成之后，进口商或代理商还必须保证进口的电气产品持续符合日本的技术标准的要求。事业申报者还要履行生产产品符合性检查的结果、保存记录及 PSE 认证证书、在产品上加施认证机构和菱形 PSE 认证标识的义务等。

（5）PSE 认证证书必须予以妥善保存，保存时间应与证书有效期相同，保存方式可以是纸面的也可以是电子形式，但应保证可随时备查。

PSE 认证证书和检测报告是证明电气产品符合日本相关技术要求的重要文件，进口商和代理商均应一起保存。

事业申报者必须完成上述各项工作并履行相关义务。

第三节 事业申报

一、事业申报的主体

在日本从事电气产品制造或进口业务的单位或个人作为事业申报的主体，应在电气产品制造或进口业务开始后的 30 日之内，按照日本经济产业省令的规定，向经济产业大臣进行相关的事业申报。

二、事业申报的产品类别

事业申报应按《电气用品安全法》规定的产品类别进行：

（1）橡胶绝缘电线

（使用橡胶作为绝缘的电线和电气温床线）；

（2）合成树脂绝缘电线

（使用合成树脂或其他非橡胶材料作为绝缘的电线和电气温床线）；

（3）金属电线管路；

(4)金属电线管路附件;
(金属电线管路或软性电线管路的附件,或者电缆配线用开关盒);
(5)合成树脂及其他材料电线管路
(合成树脂及其他材料(非金属)电线管路或软性电线管路);
(6)合成树脂及其他材料电线管路附件
(合成树脂的电线管路或软性电线管路的附件,或者电缆配线用开关盒);
(7)保险丝;
(8)内置熔断器
(除保险丝和热熔断体之外的熔断器);
(9)热熔断器;
(10)配线器具;
(11)限流器;
(12)小型单相变压器
(小型单相变压器、稳压器或放电灯镇流器);
(13)小型交流电动机;
(14)电热器具;
(15)电动力应用机械器具;
(16)光源及光源应用机械器具;
(17)电子应用机械器具(包含令别表第1第8号所述);
(18)交流用电气机械器具(包含令别表第1第9号及令别表第2第11号所述);
(19)便携发电机组;
(20)锂离子蓄电池(令别表第2第12号所述)。

三、事业申报的内容

事业申报的内容主要包括:

(1)事业申报者的名称和地址;

(2)如果事业申报者是法人单位,还需申报法人代表的姓名;

(3)《电气用品安全法施行规则》中规定的电气产品的型式区分。

《电气用品安全法施行规则》规定了《电气用品安全法》所限定的所有电气产品的型式区分。型式区分是将电气用品按其特性进行区分和描述。型式区分是从电气产品的额定值、电气性能、结构、功能、零部件、组件或配件、材料等方面对电气产品较为全面的描述性文件,也是事业申报必不可少的文件之一。

通常,PSE认证证书中附有认证测试产品的型式区分。本书第五章给出了典型产品的型式区分。

(4)电气产品生产企业的名称和地址

事业申报者是进口电气产品的进口商或代理商时,还需要申报该电气产品的生产企业的名称和地址。“生产企业”即国内称之的制造商或生产厂。

(5)业务开始的日期

业务开始的日期是指电气用品制造完成的日期或出口到日本国内的日期。

(6)提供 PSE 认证证书或等同证明文件

如果事业申报者进口的电气产品属于特定电气用品，申报人还必须获得 PSE 证书或等同证明文件，并提供证书或等同证明文件。

四、事业申报的格式

事业申报人应按照《电气用品安全法施行规则》规定的格式向经济产业大臣提交事业申报书。本书提供了事业申报书中文译文格式，在此仅供参考。如下表 4-1 所示。

表 4-1 事业申报格式

电气用品制造(进口)事业申报书

年 月 日

经 济 产 业 大 臣

○○经济产业局长

地址

姓名(名称及法人代表姓名) 印

根据《电气用品安全法》第 3 条之规定，做出如下申报：

1 事业开始的年月日；

2 制造(进口)的电气用品的区分(类别)；

3 该电气用品的型式区分(产品描述)；

4 该电气用品的制造工厂或企业的名称及所在地(若是从事进口事业者，则为该电气用品制造事业者的姓名或名称，以及地址和该电气用品的制造工厂或企业的名称及地址)；

5 欲从事专门以出口为目的的特定电气用品制造事业者，也依此申报。

注：该表格须用 A4 纸张提供。

五、事业变更的申报

1. 事业继承的申报

(1)《电气用品安全法》允许申报事业的继承。已完成了事业申报的事业申报者就其所申报的事项出现转让、合并或分割时，可以由选定的继承人继承原事业申报者所申报的事业。拟继承该事业申报者所申报事业的人应立即通知经济产业大臣，并应按照《电气用品安全法施行规则》规定的格式向经济产业大臣提交事业申报书。如表 4-2 所示。

表 4-2 事业继承申报书

<table>
<tr><td colspan="2">电气用品制造(进口)事业继承申报书
年　月　日
经济产业大臣
○○经济产业局长
地址
姓名(名称及法人代表的姓名)　印
根据《电气用品安全法》第 4 条第 2 项之规定,做出如下申报。</td></tr>
<tr><td colspan="2">继承原因</td></tr>
<tr><td rowspan="6">与被继承人相关的事项</td><td>地址</td></tr>
<tr><td>姓名(名称及法人代表的姓名)</td></tr>
<tr><td>制造(进口)事业申报的年月日</td></tr>
<tr><td>制造(进口)的电气用品的区分</td></tr>
<tr><td>该电气用品的型式区分</td></tr>
<tr><td>该电气用品的制造工厂或企业的名称及所在地(若是从事进口事业者,则为该电气用品制造事业者的姓名或名称,以及地址和该电气用品的制造工厂或企业的名称及地址)</td></tr>
</table>

注:该表格须用 A4 纸张提供。

(2)继承原事业申报者地位的继承人在向经济产业大臣提交事业申报书的时候,还应附上证明其继承原事业申报者地位这一事实的文件,并及时向经济产业大臣申报。

(3)由原事业申报者指定的且同意继承原事业申报者地位的人,还需完成并提交表 4-3 中所示文件。

表 4-3 事业转让接受证明书

电气用品制造(进口)事业转让接受证明书
年　月　日
经济产业大臣 ○○经济产业局长
转让人　地址 姓名(名称及法人代表的姓名)　印 接受人　地址 姓名(名称及法人代表的姓名)　印
如下对电气用品制造(进口)事业者事业的转让接受事宜做出证明。 1　转让人的制造(进口)事业申报年月日; 2　制造(进口)的电气用品的区分; 3　该产品的型式区分; 4　该电气用品的制造工厂或企业的名称及所在地(若是从事进口事业者,则为该电气用品制造事业者的姓名或名称以及地址和该电气用品的制造工厂或企业的名称及地址); 5　转让接受的年月日。

注 1:该表格须用 A4 纸张提供。

注 2:可以用签字代替签名和盖章。

(4)当合法继承人有两个以上时,应由继承人共同协商选出一个正式继承人,并且同意其继承原事业申报者的地位。此种方式还需提供其家庭登记的公证证明,同时须完成并提交表 4-4 中所示文件。

表 4-4 事业者继承同意证明书

<table>
<tr><td>
电气用品制造(进口)事业者继承同意证明书
年　月　日

经济产业大臣
○○经济产业局长

证明人　地址
姓名　　印

如下对电气用品制造(进口)事业者发生继承之事做出证明。

1　被继承人的地址及姓名;
2　被继承人的制造(进口)事业申报年月日;
3　制造(进口)的电气用品的区分;
4　该电气用品的型式区分;
5　该电气用品的制造工厂或企业的名称及所在地(若是从事进口事业者,则为该电气用品制造事业者的姓名或名称,以及地址和该电气用品的制造工厂或企业的名称及地址);
6　被选定为继承电气用品制造(进口)事业者地位之人的地址及姓名;
7　继承开始的年月日。
</td></tr>
</table>

注 1:该表格须用 A4 纸张提供。

注 2:该证明书须由所有的继承人和被选出的将继承原事业申报者地位的人共同签署并盖章,可以用签字代替签名和盖章。

(5)上述继承人之外的且同意继承原事业申报者地位的继承人,还需提供其家庭注册的公证证明,同时须完成并提交表 4-5 所示文件。

表 4-5 事业者继承证明书

电气用品制造(进口)事业者继承证明书

年　月　日

经济产业大臣
○○经济产业局长

证明人　地址
姓名(名称及法人代表的姓名)　　印

地址
姓名(名称及法人代表的姓名)　　印

如下对电气用品制造(进口)事业者发生继承之事做出证明。

1　被继承人的地址及姓名;
2　被继承人的制造(进口)事业申报年月日;
3　制造(进口)的电气用品区分;
4　该电气用品的型式区分;
5　该电气用品的制造工厂或企业的名称及所在地(若是从事进口事业者,则为该电气用品制造事业者的姓名或名称,以及地址和该电气用品的制造工厂或企业的名称及地址);
6　电气用品制造(进口)事业者地位继承人的地址及姓名;
7　继承开始的年月日。

注 1:该表格须用 A4 纸张提供。
注 2:证明人至少是两人。
注 3:可以用签字代替签名和盖章。

(6)因业务合并而同意继承原事业申报者地位的法人,还需提供一份该法人注册登记文件的经公证后的复印件。

2. 事业内容变更的申报

(1)当事业申报的内容发生变更时,事业申报者应立即通知经济产业大臣,并应按照《电气用品安全法施行规则》规定的格式向经济产业大臣提交事业申报书。如表4-6所示。

表4-6 事业内容变更申报书

事业变更申报书

年　月　日

经济产业大臣
○○经济产业局长

地址
姓名(名称及法人代表的姓名)　印

根据《电气用品安全法》第5条之规定,如下申请。

1　变更内容;
2　变更年月日;
3　变更理由。

注:该表格须用A4纸张提供。

(2)本节所说的事业申报的变更不包括事业申报者为法人单位时其法人代表姓名的改变。

3. 事业终止的申报

事业申报者终止所申报的业务或事业时,事业申报者应立即通知经济产业大臣,并应按照《电气用品安全法施行规则》规定的格式向经济产业大臣提交事业申报书。如表4-7所示。

表 4-7 事业终止的申报

<table>
<tr><td>
电气用品制造(进口)事业终止申报书
年　月　日

经济产业大臣
○○经济产业局长

地址
姓名(名称及法人代表的姓名)　印

根据《电气用品安全法》第 6 条之规定,如下申报。

1　制造(进口)事业申报的年月日;
2　制造(进口)的电气用品区分;
3　终止年月日。
</td></tr>
</table>

注:该表格须用 A4 纸张提供。

六、申报事项中相关信息的提供

当有必要时,任何人都可以请求经济产业大臣提供事业申报中涉及到的以下信息:

(1)事业申报者的名称和地址;

(2)如果事业申报者是法人单位,法人代表的姓名;

(3)《电气用品安全法施行规则》中规定的电气产品的型式区分。

要求经济产业大臣提供以上信息的人或单位必须向经济产业大臣以文件形式阐明下列内容:

(1)姓名或名称和地址;

(2)明确需要提供的信息是什么。

七、免于合格评定的事业申报

本书第三章介绍了事业申报所涉及的电气产品属于以下情况时,可以免于合格评定:

(1)得到经济产业大臣得到承认并用于特定用途的电气用品；

(2)属于试验性质的电气用品；

(3)出口或转口贸易的电气用品。

需要特别明确的是，当产品属于上述例外情况时，虽然产品本身可以免于合格评定，但该产品的进口业务是必须进行事业申报的。申报时应按照《电气用品安全法施行规则》规定的格式向经济产业大臣提交书面申请。如表 4-8 所示。

表 4-8 免于合格评定的事业申报书

电气用品例外认可申请书

年　月　日

经济产业大臣

地址

姓名(名称及法人代表的姓名)　印

欲取得《电气用品安全法》第 8 条第 1 项第 1 号(第 27 条第 2 项第 1 号)之规定的认可，需做出如下申请。

1　电气用品名；
2　电气用品构造、材质及性能的概述；
3　对象的技术基准；
4　申请认可的理由；
5　用途；
6　预定制造、进口或销售的数量；
7　使用者特定的情况下，使用者的姓名或名称及使用场所；
8　申报年月日及电气用品的型式区分。

注 1：该表格须用 A4 纸张提供。

注 2：可以用签字代替签名和盖章。

当经济产业大臣收到上述书面申请时，如果认为有必要，可能会要求事业申报者提供该书面申请中所涉及的电气产品的一件样品或测试记录。

第五章

标准解读及案例分析

本章分析了电气用品的技术要求及技术基准，根据对日出口现状，选取了有代表性的十一类电气用品：交流用电气机械器具、便携发电机组、熔断器、电热器具、电动力应用机械器具、配线器具、电线电缆、电子应用机械器具、变压器及镇流器、LED 球泡灯及灯具，举例介绍 PSE 认证样品要求和关键试验项目。

有关认证中的资料准备及后续的工厂检查要求，第三章已经详细介绍，本章不再赘述。

第一节　交流用电气机械器具

一、概述

交流用电气机械器具属于 PSE 特定电气用品，包含电击杀虫器、直流电源装置、磁气治疗器等。

电击杀虫器是通过高压电网电击消灭飞虫的器具。

直流电源装置产品分为线性电源和开关电源。其中，LED 控制装置也属于直流电源装置的范围，其是设计在安全特低电压或等效安全特低电压或更高的电压下，能够为 LED 模块提供恒定的电压或电流的控制装置。

交流用电气机械器具分类举例见表 5-1，适用标准详见表 5-2。

表 5-1 交流用电气机械器具分类举例

电气用品名称	产品实物照片	产品说明
电击杀虫器	电击杀虫器	额定电压在 300V 以下、额定频率为 50Hz 和/或 60Hz

续表 5-1

电气用品名称	产品实物照片	产品说明
直流电源装置	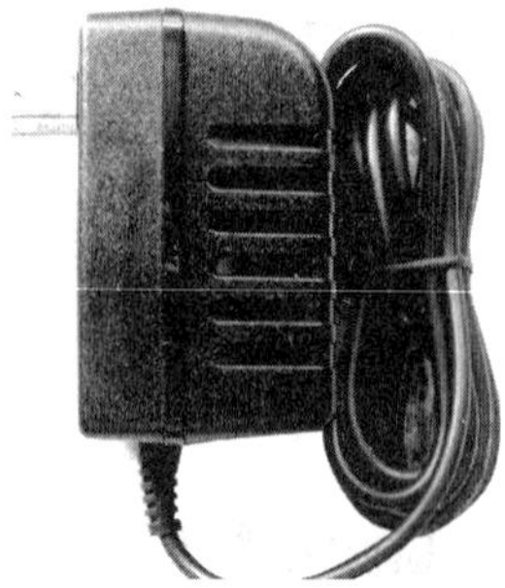 线性电源适配器  桌面式开关电源适配器  直插式开关型电源适配器	额定电压在 300V 以下、额定频率为 50Hz 和/或 60Hz、额定容量小于 1kVA
	 LED控制器	额定电压直流 250V 以下和交流 1000V 以下 额定功率:产品型号规格一般是按照其所接 LED 模块的额定功率来区分,如 10W,20W,30W,40W 等

表 5-2 交流用电气机械器具 PSE 认证适用标准

电器用品名称	日本认证标准	
	标准编号	标准名称
电击杀虫器	J60335—1(H20)	家用和类似用途器具的安全 通用要求
	J60335—2-59(H20)	家用和类似用途器具的安全 电击杀虫器的特殊要求
	J55014—1(H20)	家用电器、电动工具和类似器具的无线电骚扰限值和测量方法
直流电源装置	J60065(H23) J55013(H22)	音频、视频及类似电子设备 安全要求 声音和电视广播接收机及有关设备无线电骚扰限值和测量方法
	J60950—1(H22) J55022(H22)	信息技术设备的安全 第 1 部分:通用要求 信息技术设备的无线电骚扰限值和测量方法
	J60335—1(H20) J60335—2-29(H20) J55014—1(H20)	家用和类似用途电器的安全 第一部分:通用要求 家用和类似用途电器的安全 第 2-29 部分:电池充电器的特殊要求 家用电器、电动工具和类似器具的无线电骚扰限值和测量方法
	J61347—1(H20) J61347—2-13(H21) J55015(H20)	灯的控制装置 第 1 部分:一般要求和安全要求 灯的控制装置 第 2-13 部分:LED 模块用直流或交流电子控制装置的特殊要求 电气照明和类似器具无线电骚扰限值和测量方法
	J61558—1(H21)	电力变压器、电源装置和类似产品的安全 第 1 部分:通用要求和试验
	J61558—2-4(H21)	电力变压器、电源装置和类似产品的安全 第 2-4 部分:一般用途隔离变压器的特殊要求
	J61558—2-5(H21)	电力变压器、电源装置和类似产品的安全 第 2-5 部分:剃须刀用变压器和剃须刀用电源装置的特殊要求
	J61558—2-6(H21)	电力变压器、电源装置和类似产品的安全 第 2-6 部分:一般用途安全隔离变压器的特殊要求
	J61558—2-17(H21)	电力变压器、电源装置和类似产品的安全 第 2-17 部分:开关模式供电系统用变压器的特殊要求

二、单元划分及送样要求

1. 单元划分原则

申请单元是指:多个规格型号的产品因其结构、材质、性能具有相同型式区分的特征条件而能够作为申请认证的“一组”产品。

单元划分原则:

(1)电气原理相同;

(2)结构、材质、性能一致;

(3)型式区分均相同的多个型号产品可划为同一申请单元;

(4)同一制造商、同一产品型号、不同生产厂的产品应分为不同的申请单元。

如表5-3所示电击杀虫器的型式区分,表5-4则为直流电源装置的型式区分。

表5-3 电击杀虫器的型式区分

要素	区分
一次侧额定电压	(1)125V以下 (2)超过125V
二次侧额定电压	(1)1kV以下 (2)1kV~3kV (3)3kV~7kV (4)7kV以上
二次侧短路电流	(1)10mA以下 (2)10mA~20mA (3)20mA以上
额定频率	(1)50Hz (2)60Hz
力率改善用的电容	(1)有 (2)无
线圈和铁芯之间的绝缘物材料	(1)陶瓷 (2)其他
二次侧绝缘护套的材质	(1)陶瓷 (2)合成树脂 (3)其他
回路的保护机构	(1)有 (2)无
变压器绕组绝缘等级	(1)A级 (2)E级 (3)B级 (4)F级 (5)H级 (6)其他
使用场所	(1)室内 (2)室外
诱虫的方式	(1)灯光 (2)声波 (3)其他

续表 5-3

要素	区分
防护格栅的种类	(1)直径 7cm 的球不能穿过的网格 (2)其他
安全装置的防护方式	(1)感知高频振荡的变化 (2)感知泄漏电流的变化 (3)其他
安装方式的类型	(1)悬挂式 (2)台式 (3)其他
主电源开关	(1)有 (2)无
主电源开关的操作方式	(1)拨动式 (2)按钮式 (3)旋转式 (4)拉线式 (5)电磁式 (6)其他
主电源开关的触点材料	(1)银或银合金 (2)铜或铜合金 (3)其他
电源线和器体的连接方式	(1)直接连接 (2)使用连接器

表 5-4　直流电源装置的型式区分

要素	区分
额定输入电压	(1)125V 以下 (2)125V 以上
输入端的额定容量	(1)10VA 以下 (2)10VA～20VA (3)20VA～30VA (4)30VA～40VA (5)40VA～50VA (6)50VA～60VA (7)60VA～70VA (8)70VA～80VA (9)80VA～90VA (10)90VA～100VA (11)100VA～200VA (12)200VA～300VA (13)300VA～400VA (14)400VA 以上

续表 5-4

要素	区分
额定频率	(1)50Hz (2)60Hz
交流用端子	(1)有 (2)无
直流额定电压	(1)15V 以下(含 15V) (2)15V～30V (3)30V～60V (4)60V 以上
变压器	(1)有 (2)无
变压器绕组的绝缘等级	(1)A 级 (2)E 级 (3)B 级 (4)F 级 (5)H 级 (6)其他
直流电压的调节装置	(1)有 (2)无
回路的保护机构	(1)有 (2)无
主电源开关	(1)有 (2)无
主电源开关的操作方式	(1)拨动式 (2)按钮式 (3)旋转式 (4)其他
主电源开关的接点材料	(1)银或银合金 (2)铜或铜合金 (3)其他
外壳材料	(1)金属 (2)合成树脂 (3)其他
用途	(1)电池充电用 (2)玩具用 (3)汽车起动机用 (4)其他
电源线和器体的连接方式	(1)直接连接 (2)使用连接器
双重绝缘	(1)有 (2)无

2. 送样要求：

(1)电击杀虫器

主检型号送样数量为 3 台，申请人按认证机构的要求选送，并对选送样品负责，覆盖型号视情况而定。

(2)直流电源装置

①电源适配器

功率最大的、输出电压最高及输出电流最大的电源适配器作为主检型号，选送样品各 6 个；同时送功率最小的电源适配器 2 个。

②LED 控制装置

申请单元中最大功率的样品 6 个，每个覆盖型号规格至少 1 个。

三、电磁兼容的要求

1. 电击杀虫器的电磁兼容

电击杀虫器的电磁兼容测试按照 J55014—1(H20)标准，技术要求如表 5-5 所示。

表 5-5

日本认证标准		
标准编号	标准名称	测试项目
J55014—1(H20)	家用电器、电动工具和类似器具的无线电骚扰限值和测量方法	端子电压
		骚扰功率

端子电压：按照 J55014—1(H20)标准，端子电压在屏蔽室进行，技术要求如表 5-6 所示。

表 5-6

测试项目	测试标准	频率范围(MHz)	限值(dBμV)	
			准峰值	平均值
端子电压	J55014—1(H20)	0.15～0.5	66～56	59～46
		0.5～5	56	46
		5～30	60	50

骚扰功率：按照 J55014—1(H20)标准，骚扰功率在屏蔽室进行，技术要求如表 5-7 所示。

表 5-7

测试项目	测试标准	频率范围(MHz)	限值(dBpW)	
			准峰值	平均值
骚扰功率	J55014—1(H20)	30～300	45～55	35～45

2. 直流电源装置的电磁兼容

(1)电源适配器的电磁兼容

电源适配器的电磁兼容技术要求如表5-8所示。

表5-8

日本认证标准			
标准编号	标准名称	测试项目	
J55013(H22)	声音和电视广播接收机及有关设备无线电骚扰限值和测量方法	端子电压	
		骚扰功率	
J55014—1(H20)	家用电器、电动工具和类似器具的无线电骚扰限值和测量方法	端子电压	
		骚扰功率	
J55022(H22)	信息技术设备的无线电骚扰限值和测量方法	端子电压	
		辐射骚扰	

端子电压:按照J55013(H22),J55014—1(H20),J55022(H22)标准,端子电压在屏蔽室进行,技术要求如表5-9所示。

表5-9

测试项目	测试标准	频率范围(MHz)	限值(dBμV)	
			准峰值	平均值
端子电压	J55013(H22)	0.15 ~0.5	66~56	56~46
		0.5 ~5	56	46
		5~30	60	50
	J55014—1(H20)	0.15~0.5	66~56	59~46
		0.5 ~5	56	46
		5 ~30	60	50
	J55022(H22)(A类)	0.15 ~0.5	79	66
		0.5 ~30	73	60
	J55022(H22)(B类)	0.15 ~0.5	66~56	56~46
		0.5 ~5	56	46
		5 ~30	60	50

骚扰功率:按照J55013(H22),J55014—1(H20)标准,骚扰功率在屏蔽室进行,技术要求如表5-10所示。

表 5-10

测试项目	测试标准	频率范围(MHz)	限值(dBpW)	
			准峰值	平均值
骚扰功率	J55013(H22) J55014—1(H20)	30～300	45～55	35～45

1G 以下辐射骚扰:按照 J55022(H22)标准,1G 以下辐射骚扰测试在 10m 电波暗室进行,技术要求如表 5-11。

表 5-11

测试项目	测试标准	频率范围(MHz)	限值(dBμV/m)
			准峰值
1G 以下辐射骚扰	J55022(H22) (A 类)	30～230	40
		230～1000	47
	J55022(H22) (B 类)	30～230	30
		230～1000	37

1G 以上辐射骚扰:按照 J55022(H22)标准,1G 以上辐射骚扰测试在 3m 电波暗室进行,技术要求如表 5-12。

适用条件:最高工作频率超过 108MHz 的产品需测试此项目。

表 5-12

测试项目	测试标准	频率范围(GHz)	限值(dBμV/m)	
			峰值	平均值
1G 以上辐射骚扰	J55022(H22) (A 类)	1～3	76	56
		3～6	80	60
	J55022(H22) (B 类)	1～3	70	50
		3～6	74	54

注:1 如果 EUT 内部源的最高频率在 108MHz～500MHz 之间,则测量只进行到 2GHz。

2 如果 EUT 内部源的最高频率在 500MHz～1GHz 之间,则测量只进行到 5GHz。

3 如果 EUT 内部源的最高频率高于 1GHz,则测量将进行到最高频率的 5 倍或 6GHz。

(2)LED 控制装置的电磁兼容

LED 控制装置的电磁兼容测试按照 J55015(H20)标准,技术要求如表 5-13。

表 5-13

日本认证标准		
标准编号	标准名称	测试项目
J55015(H20)	电气照明以及类似用途器具的无线电骚扰限值和测量方法	电源端子电压
		负载端子电压
		控制端子电压
		辐射骚扰
		骚扰功率

电源端子电压：按照 J55015(H20)标准，端子电压在屏蔽室进行，技术要求如表5-14。

表 5-14

测试项目	测试标准	频率范围(MHz)	限值(dBμV)	
			准峰值	平均值
电源端子电压	J55015 (H20)	0.15～0.5	66～56	56～46
		0.5 ～2.51	56	46
		2.51 ～3.0	73	63
		3.0～5.0	56	46
		5.0～30	60	50

负载端子电压：按照 J55015(H20)标准，负载端子电压在屏蔽室进行，技术要求如表5-15。

表 5-15

测试项目	测试标准	频率范围(MHz)	限值(dBμV)	
			准峰值	平均值
负载端子电压	J55015 (H20)	0.15～5.0	80	70
		5.0 ～30	74	64

控制端子电压：按照 J55015(H20)标准，控制端子电压在屏蔽室进行，技术要求如表5-16。

表 5-16

测试项目	测试标准	频率范围(MHz)	限值(dBμV)	
			准峰值	平均值
控制端子电压	J55015 (H20)	0.15～5.0	80	70
		5.0 ～30	74	64

辐射骚扰：按照 J55015(H20)标准，辐射骚扰需要采用三环天线进行测试，技术要求如表 5-17。

表 5-17

测试项目	测试标准	频率范围(MHz)	限值(dBμA)		
			2m	3m	4m
辐射骚扰	J55015 (H20)	0.15～2.2	58～26	51～22	45～16
		2.2～3.0	58	51	45
		3.0～30	22	15～16	9～12

骚扰功率：按照 J55015(H20)，骚扰功率在屏蔽室进行，技术要求如表 5-18。

表 5-18

测试项目	测试标准	频率范围(MHz)	限值(dBpW)	
			准峰值	平均值
骚扰功率	J55015(H20)	30～300	45～55	35～45

第二节 便携发电机组

一、概述

便携发电机组属于 PSE 特定电气用品。

便携发电机组是依靠柴油或汽油等燃料燃烧产生动力带动发电机发电的机械设备，并且便于搬运的发电机组。主要用于应急发电，遇到停电，就可启动燃油发电机组发电，以维持正常工作。

便携发电机组分类详见表 5-19，适用标准详见表 5-20。

表 5-19 便携发电机组分类

电气用品名称	产品实物照片	产品说明
便携发电机组	便携发电机组	额定电压 500V 以下、单相或三相、额定输出功率为 3kVA 以下的交流发电机和额定输出功率为 3kW 以下的直流发电机

表 5-20 便携发电机组认证适用标准

电气用品名称	日本认证标准	
	标准编号	标准名称
便携发电机组	J8528—8(H16)	往复式内燃机驱动的交流发电机组第 8 部分:对小功率发电机组的要求和试验
	J55001(H22)	骚扰强度的规定

二、单元划分及送样要求

1. 单元划分原则:

(1)同一单元内的产品,工作原理、安全结构(外壳防护等级、冷却方式、保护方式)必须一致;外壳材料(金属和非金属)、制造工艺、绝缘等级、工作制必须一致。

(2)同一系列的产品允许包括不同的电压、频率额定值。对检测单机来说可能包含:单频单压,双频单压等情况。双频单压时,电性能试验要进行差异试验。

(3)型式区分均相同的多个型号产品可划为同一申请单元。

(4)同一制造商、同一产品型号、不同生产场地的产品应作为不同的申请单元。

便携发电机组型式区分如表 5-21。

表 5-21

要素	区分
相数	(1)单相 (2)3 相
额定电压	(1)125V 以下 (2)125V 以上
额定输出(仅限交流时)	(1)100VA 以下 (2)100VA～200VA (3)200VA～300VA (4)300VA～400VA (5)400VA～500VA (6)500VA～600VA (7)600VA～700VA (8)700VA～800VA (9)800VA～900VA (10)900VA～1kVA (11)1kVA～2kVA (12)2kVA 以上

续表 5-21

要素	区分
额定输出(仅限直流时)	(1)100W 以下 (2)100W～200W (3)200W～300W (4)300W～400W (5)400W～500W (6)500W～600W (7)600W～700W (8)700W～800W (9)800W～900W (10)900W～1kW (11)1kW～2 kW (12)2kW 以上
发电机的种类	(1)交流发电机 (2)直流发电机
输出的种类	(1)交流 (2)直流
额定输出频率 (仅限输出种类为交流时)	(1)50Hz (2)60Hz (3)其他
线圈的绝缘等级	(1)A 级 (2)E 级 (3)B 级 (4)F 级 (5)H 级 (6)其他
原动机的种类	(1)火花点火装置 (2)压缩点火装置 (3)其他

2. 送样要求

申请单元中只有一个型号的，送本型号。如果有若干规格分在同一单元，则送样检测的样机必须包括申请单元中的最大和最小各一台规格产品。

三、电磁兼容认证要求

电磁兼容测试按照 J55001(H22)标准，采用 10m 法进行辐射发射试验，技术要求如表 5-22。

表 5-22

频率范围 MHz	骚扰场强(dBμV/m)
30～250	42
250～1000	45

第三节　熔断体

一、概述

熔断体属于 PSE 特定电气用品,包含封闭式熔断体、热熔断体和链熔线。

封闭式熔断体和热熔断体作为两种不同种类的熔断体产品,具有下列不同的特点:

封闭式熔断体(俗称:保险丝),其工作的原理是当有电流流过熔断体时,熔断体内的熔丝发热,当电流上升到一定程度时,熔丝产生的热量超过了熔丝的熔点,使得熔丝融化断开从而切断电路;封闭式熔断体又可细分为管状熔断体和其他封闭式熔断体两种产品。

热熔断体产品,顾名思义是热响应的产品;使用时热熔断体被安装在热源上,当热源温度超过了热熔断体的动作温度时,其内部熔丝或化学成分融化从而切断电路。

为便于申请人了解日本法规对熔断体产品 PSE 认证的相关技术要求,针对不同种类的熔断体产品以及认证的相关标准要求,列表说明如下。熔断体产品分类及规格见表 5-23,产品的规格见表 5-24,熔断体产品适用标准见表 5-25。

表 5-23　熔断体 PSE 认证产品分类

电气用品名称	产品实物照片	产品说明
管状熔断体		最常见的产品,分玻璃管和陶瓷管。规格为 5mm × 20mm,5.3mm × 31.5mm,另外还有日本特殊规格 A 管和 B 管
		带引线管状熔断体。在常规的管状熔断体产品上增加了引线部分。由于结构改变了,所以 PSE 认证时按新单元进行

续表 5-23

电气用品名称	产品实物照片	产品说明
其他封闭式熔断体		超小型熔断体。端帽材料为复合材料,形状分为圆形和方形
	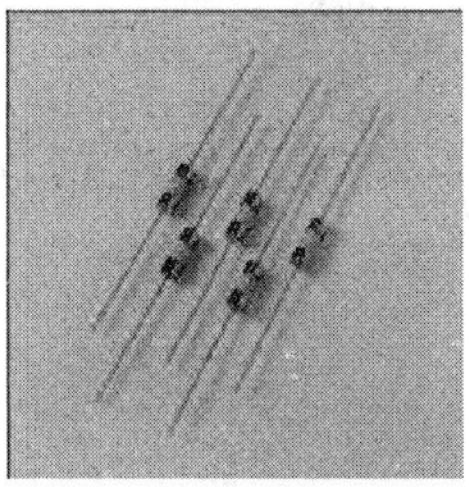	超小型熔断体,行业通称 3.6mm×10mm 产品。管体分为陶瓷管和玻璃管。外形与带引线的管状熔断体相似,但其尺寸小于 10mm,因此归为超小型熔断体
	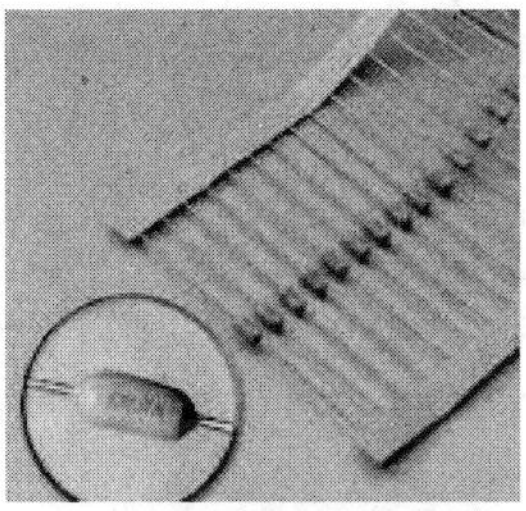	超小型熔断体,行业通称 2mm×8mm 产品。管体外部有环氧树脂封装
		通用模件熔断体,分为"方管"和"贴片"两种,直接焊接在 PCB 板上使用
		通用模件熔断体,通过引线焊接在 PCB 板上。外形与超小型熔断体有点类似,主要通过具体尺寸来区别
热熔断体	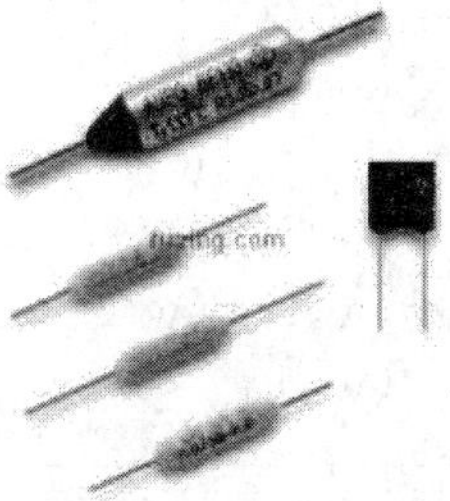	热熔断体。分为塑料外壳、陶瓷外壳和金属外壳产品

表 5-24 熔断体产品适用标准

电气用品名称	日本认证标准	
	标准编号	标准名称
管状熔断体	J60127—1(H22)	小型熔断体 第 1 部分:小型熔断体定义和小型熔断体通用要求
	J60127—2(H20)	小型熔断体 第 2 部分:管状熔断体
其他封闭式熔断体	J60127—1(H22)	小型熔断体 第 1 部分:小型熔断体定义和小型熔断体通用要求
	J60127—3(H20)	小型熔断体 第 3 部分:超小型熔断体
	J60127—4(H22)	小型熔断体 第 4 部分:通用模件熔断体
热熔断体	J60691(H22)	热熔断体的要求和应用导则

二、单元划分及送样要求

1. 单元划分原则

(1)型式区分均相同的多个型号产品可划为同一申请单元;

(2)同一制造商、同一产品型号、不同生产厂的产品应分为不同的申请单元。

管状熔断体和其他封闭式熔断体型式区分如表 5-25。

表 5-25

要素	区分
额定电压	(1)125V 以下 (2)125V 以上
额定电流 (仅限于有额定电流标识时)	(1)5A 以下 (2)5A~15A (3)15A~30A (4)30A~60A (5)60A~100A (6)100A 以上
适用电动机的额定容量 (仅限于没有额定电流标识时)	(1)单相,200W 以下 (2)单相,200W~400W (3)单相,400W~750W (4)单相,750W (5)3 相,750W 以下 (6)3 相,750W~2.2kW (7)3 相,2.2kW~3.7kW (8)3 相,3.7kW~7.5kW (9)3 相,7.5kW 以上

续表 5-25

要素	区分
可熔体的主要材料	(1)银 (2)铝 (3)锌 (4)铅 (5)铜 (6)其他
可熔体数	(1)1 (2)2 以上
再使用(不含管状熔断体)	(1)可以 (2)不可以
内部填充物	(1)有 (2)无
管(不含内管)的材料	(1)酚醛树脂 (2)纤维 (3)陶瓷或玻璃 (4)聚酯树脂 (5)密胺树脂 (6)尿素树脂 (7)其他
端子	(1)扁平型 (2)管型 (3)紧固型 (4)带引线 (5)其他
排气孔	(1)有 (2)无
熔断的标识	(1)有 (2)无
用途	(1)电动机用 (2)电子设备用 (3)短路保护专用 (4)其他
额定熔断电流	(1)100A 以下 (2)100A～300A (3)300A～500A (4)500A～1000A (5)1000A～1500A (6)1500A～2500A (7)2500A～5000A (8)5000A～7500A (9)7500A～10000A (10)10000A～15000A (11)15000A～20000A (12)20000A～25000A (13)25000A～30000A (14)30000A 以上

热熔断体型式区分如表 5-26。

表 5-26

要素	区分
额定电压	(1)125V 以下 (2)125V 以上
额定电流	(1)5A 以下 (2)5A～15A (3)15A～30A (4)30A 以上
标称动作温度	(1)80℃以下 (2)80℃～100℃ (3)100℃～120℃ (4)120℃～140℃ (5)140℃～160℃ (6)160℃～180℃ (7)180℃～200℃ (8)200℃～220℃ (9)220℃～240℃ (10)240℃～260℃ (11)260℃～280℃ (12)280℃～300℃ (13)300℃以上
对可熔体通电	(1)有 (2)无
可熔体的主要材料	(1)锡、铅及铋的合金 (2)锡、铅及铋合金以外的合金 (3)合成树脂或有机化合物 (4)其他
容器	(1)有 (2)无
端子	(1)爪形(含圆形) (2)带线 (3)其他
可熔体的形状	(1)板状 (2)块状 (3)其他

2. 送样要求

管状熔断体:每种额定电流值的产品应提供 48 只样品;

带引线的管状熔断体:每种额定电流值的产品应提供 21 只样品;

属于“其他封闭式熔断体”类别的超小型熔断体:每种额定电流值的产品应提供 66

只样品；

通用模件熔断体：每种额定电流值的产品应提供 63 只样品；

热熔断体：每种额定动作温度的产品，应分别提供 45 只样品。

第四节 电热器具

一、概述

电热器具属于 PSE 特定电气用品，包括电马桶座圈、电温柜、水管防冻器、玻璃防雾器、其他防冻防露电热器具、电热水器、电热式吸入器、其他家用电热治疗器、电蒸汽浴室、蒸汽浴室用电热器、电桑拿浴室、桑拿浴室用电热器、观赏鱼用电热器、观赏植物用电热器等器具。它们的共同特点是：额定电压在 100V 以上、300V 以下；额定频率 50Hz 和/或 60Hz；额定功率不超过 10kW；并由交流电源供电的器具。

电热器具的分类详见表 5-27，电热器具适用标准详见表 5-28。

表 5-27 电热器具分类

电气用品名称	产品实物照片	产品说明
电马桶座圈	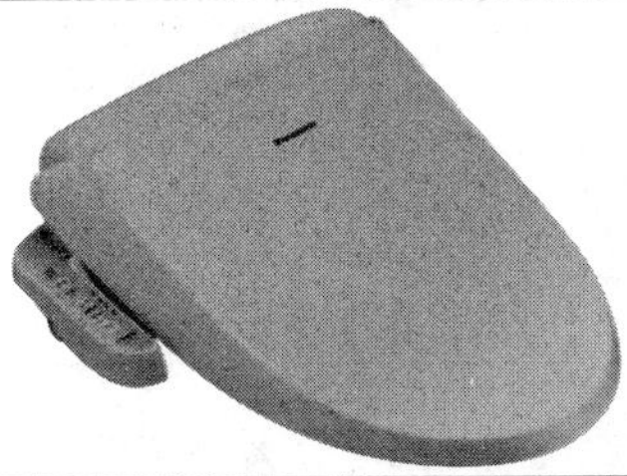	带有电加热功能的马桶座圈
电温柜		指主要用于食品保温的柜体，包括可由玻璃等材料制造、能够从外部观察到内部的产品，可以收纳饭盒、盘子、杯子等餐具和热毛巾等的产品在内
电热水器	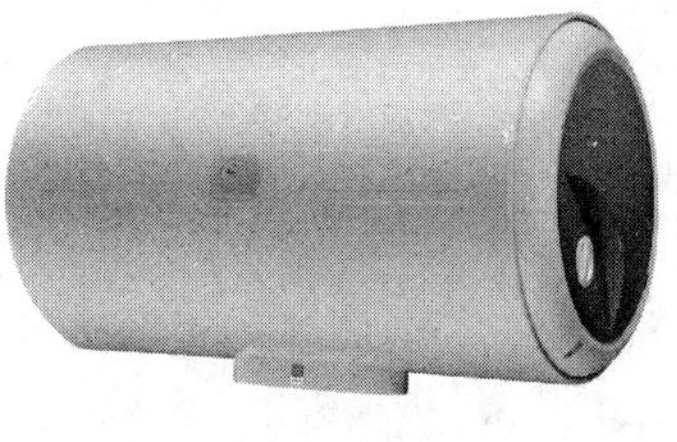	指直接连接水管，热水容器的容量超过 10L 的产品

续表 5-27

电气用品名称	产品实物照片	产品说明
电蒸汽浴室	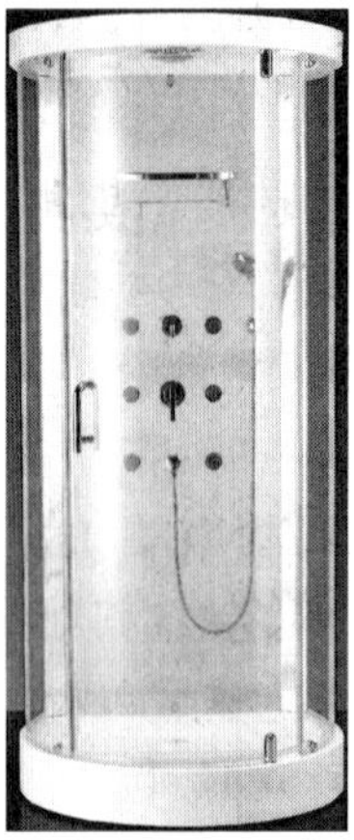	蒸汽浴室与蒸汽浴加热器具构成一个整体的器具
蒸汽浴室用电热器		额定功率不超过 10kW，用于加热水给蒸汽浴室产生蒸汽的器具
电桑拿浴室		桑拿房与桑拿浴加热器具构成一个整体的器具
桑拿浴室用电热器	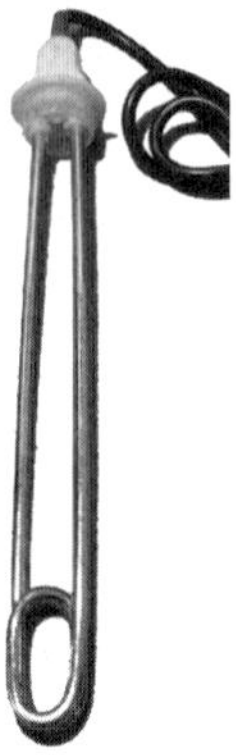	额定功率不超过 10kW，用于桑拿浴室内的电加热器具

续表 5-27

电气用品名称	产品实物照片	产品说明
观赏鱼用电热器		用于水族箱加热的器具，带有控制装置，使得水族箱内的水温保持在相对稳定的温度
观赏植物用电热器		设计专为观赏植物加热的器具

表 5-28 电热器具安全认证适用标准

电器名称	日本认证标准	
	标准编号	标准名称
电马桶座圈	J60335—1(H14)	家用和类似用途器具的安全 通用要求
	J60335—2-84(H14)	家用和类似用途器具的安全 座便器的特殊要求
	J55014—1(H20)	家用电器、电动工具和类似器具的无线电骚扰限值和测量方法
电温柜	J60335—1(H20)	家用和类似用途器具的安全 通用要求
	J60335—2-49(H20)	家用和类似用途器具的安全 商用电热食品和陶瓷餐具保温器的特殊要求
	J55014—1(H20)	家用电器、电动工具和类似器具的无线电骚扰限值和测量方法
电热水器	J60335—1(H20)	家用和类似用途器具的安全 通用要求
	J60335—2-21(H20)	家用和类似用途器具的安全 储水式热水器的特殊要求
	J55014—1(H20)	家用电器、电动工具和类似器具的无线电骚扰限值和测量方法

续表 5-28

电器名称	日本认证标准	
	标准编号	标准名称
电蒸汽浴室	J60335—1(H20)	家用和类似用途器具的安全 通用要求
	J60335—2-53(H20)	家用和类似用途器具的安全 桑那浴加热器具的特殊要求
	J60335—2-105(H20)	家用和类似用途器具的安全 多功能淋浴间的特殊要求
	J55014—1(H20)	家用电器、电动工具和类似器具的无线电骚扰限值和测量方法
蒸汽浴室用电热器	J60335—1(H20)	家用和类似用途器具的安全 通用要求
	J60335—2-53(H20)	家用和类似用途器具的安全 桑那浴加热器具的特殊要求
	J55014—1(H20)	家用电器、电动工具和类似器具的无线电骚扰限值和测量方法
电桑拿浴室	J60335—1(H20)	家用和类似用途器具的安全 通用要求
	J60335—2-53(H20)	家用和类似用途器具的安全 桑那浴加热器具的特殊要求
	J60335—2-105(H20)	家用和类似用途器具的安全 多功能淋浴间的特殊要求
	J55014—1(H20)	家用电器、电动工具和类似器具的无线电骚扰限值和测量方法
桑拿浴室用电热器	J60335—1(H20)	家用和类似用途器具的安全 通用要求
	J60335—2-53(H20)	家用和类似用途器具的安全 桑那浴加热器具的特殊要求
	J55014—1(H20)	家用电器、电动工具和类似器具的无线电骚扰限值和测量方法
观赏鱼用电热器	J60335—1(H20)	家用和类似用途器具的安全 通用要求
	J60335—2-55(H20)	家用和类似用途器具的安全 水族箱和花园池塘用电器的特殊要求
	J55014—1(H20)	家用电器、电动工具和类似器具的无线电骚扰限值和测量方法
观赏植物用电热器	J 60335—1(H20)	家用和类似用途器具的安全 通用要求
	J60335—2-30(H20)	家用和类似用途器具的安全 室内加热器的特殊要求
	J55014—1(H20)	家用电器、电动工具和类似器具的无线电骚扰限值和测量方法

二、单元划分及送样要求

1. 单元划分原则

单元划分原则是：

(1)电气原理相同；

(2)结构、材质、性能一致；

(3)型式区分均相同的多个型号产品可划为同一申请单元；

(4)同一制造商、同一产品型号、不同生产厂的产品应分为不同的申请单元。

电温柜型式区分如表 5-29 所示。

表 5-29

要素	区分
相数	(1)单相 (2)3 相
额定电压	(1)125V 以下 (2)125V 以上
额定电流(仅限电极式时)	(1)1A 以下 (2)1A～5A (3)5A～10A (4)10A～20A (5)20A～30A (6)30A～50A (7)50A～70A (8)70A 以上
额定功率(仅限非电极式时)	(1)100W 以下 (2)100W～200W (3)200W～300W (4)300W～400W (5)400W～500W (6)500W～600W (7)600W～700W (8)700W～800W (9)800W～900W (10)900W～1kW (11)1kW～2kW (12)2kW～3kW (13)3kW～5kW (14)5kW～7kW (15)7kW 以上
额定频率(仅限有电动机或变压器时)	(1)50Hz (2)60Hz
保温材料	(1)有 (2)无
器具开关	(1)有 (2)无

续表 5-29

要素	区分
器具开关的操作方式	(1)拨动式 (2)按钮式 (3)旋转式 (4)电磁式 (5)其他
器具开关的接点材料	(1)银或银合金 (2)铜或铜合金 (3)其他
自动开关	(1)有 (2)无
自动开关的动作温度设置	(1)固定 (2)可变
自动开关的动作温度	(1)80℃以下 (2)80℃～100℃ (3)100℃～120℃ (4)120℃～140℃ (5)140℃～160℃ (6)160℃～180℃ (7)180℃～200℃ (8)200℃～220℃ (9)220℃～240℃ (10)240℃～260℃ (11)260℃～280℃ (12)280℃～300℃ (13)300℃以上
自动温度调节器	(1)有 (2)无
自动温度调节器的温度检测方式	(1)双金属片式 (2)液体膨胀式 (3)气体膨胀式 (4)半导体式 (5)其他
自动温度调节器的温度调节方式	(1)接点的机械开闭 (2)其他

续表 5-29

要素	区分
自动温度调节器的动作温度	(1)80℃以下 (2)80℃～100℃ (3)100℃～120℃ (4)120℃～140℃ (5)140℃～160℃ (6)160℃～180℃ (7)180℃～200℃ (8)200℃～220℃ (9)220℃～240℃ (10)240℃～260℃ (11)260℃～280℃ (12)280℃～300℃ (13)300℃以上
发热部件的形态	(1)双绕线轴式 (2)发热板 (3)日用管状发热体(含熔铸式) (4)发热丝 (5)云母片式 (6)带金属散热片式 (7)导电碳浆式 (8)石英管式 (9)表面带涂层的一种覆盖式加热元件 (10)灯泡式 (11)使用半导体的发热体 (12)电极式 (13)其他
电源电线和器具的连接方式	(1)直接连接 (2)使用连接器
卷线装置	(1)有 (2)无
附属电动机	(1)有 (2)无
附属电动机的种类	(1)感应电动机 (2)整流子电动机 (3)其他
附属电动机线圈的绝缘等级	(1)A级 (2)E级 (3)B级 (4)F级 (5)H级 (6)其他

续表 5-29

要素	区分
防超温装置	(1)有 (2)无
防超温装置的种类	(1)双金属片式 (2)温度保险丝式 (3)其他
防超温装置的动作温度	(1)100℃以下 (2)100℃～120℃ (3)120℃～140℃ (4)140℃～160℃ (5)160℃～180℃ (6)180℃～200℃ (7)200℃～220℃ (8)220℃～240℃ (9)240℃～260℃ (10)260℃～280℃ (11)280℃～300℃ (12)300℃以上
双重绝缘	(1)有 (2)无

电蒸汽浴室型式区分如表 5-30 所示。

表 5-30

要素	区分
相数	(1)单相 (2)3 相
额定电压	(1)125V 以下 (2)125V 以上
额定电流(仅限电极式时)	(1)1A 以下 (2)1A～5A (3)5A～10A (4)10A～20A (5)20A～30A (6)30A～50A (7)50A～70A (8)70A 以上

续表 5-30

要素	区分
额定消耗电力(仅限非电极式时)	(1)10W 以下 (2)10W～20W (3)20W～30W (4)30W～40W (5)40W～50W (6)50W～60W (7)60W～70W (8)70W～80W (9)80W～90W (10)90W～100W (11)100W～200W (12)200W～300W (13)300W～400W (14)400W～500W (15)500W～600W (16)600W～700W (17)700W～800W (18)800W～900W (19)900W～1kW (20)1kW～2kW (21)2kW～3kW (22)3kW～5kW (23)5kW～7kW (24)7kW 以上
额定频率(仅限有电动机或变压器时)	(1)50Hz (2)60Hz
器具开关	(1)有 (2)无
器具开关的操作方式	(1)拨动式 (2)按钮式 (3)旋转式 (4)电磁式 (5)其他
器具开关的接点材料	(1)银或银合金 (2)铜或铜合金 (3)其他
自动开关	(1)有 (2)无
自动开关的动作温度设置	(1)固定 (2)可变

续表 5-30

要素	区分
自动开关的动作温度	(1)80℃以下 (2)80℃～100℃ (3)100℃～120℃ (4)120℃～140℃ (5)140℃～160℃ (6)160℃～180℃ (7)180℃～200℃ (8)200℃～220℃ (9)220℃～240℃ (10)240℃～260℃ (11)260℃～280℃ (12)280℃～300℃ (13)300℃以上
自动温度调节器	(1)有 (2)无
自动温度调节器的温度检测方式	(1)双金属片式 (2)液体膨胀式 (3)气体膨胀式 (4)半导体式 (5)其他
自动温度调节器的温度调节方式	(1)接点的机械开闭 (2)其他
自动温度调节器的动作温度	(1)80℃以下 (2)80℃～100℃ (3)100℃～120℃ (4)120℃～140℃ (5)140℃～160℃ (6)160℃～180℃ (7)180℃～200℃ (8)200℃～220℃ (9)220℃～240℃ (10)240℃～260℃ (11)260℃～280℃ (12)280℃～300℃ (13)300℃以上

续表 5-30

要素	区分
发热部的形态	(1)绕线管式 (2)热板式 (3)夹套式 (4)带式 (5)云母式 (6)小型 (7)Dotite(导电碳浆)式 (8)石英管式 (9)被覆式 (10)灯泡式 (11)使用半导体 (12)电极式 (13)其他
电源电线和器具的连接方式	(1)直接连接 (2)使用连接器
附属电动机	(1)有 (2)无
附属电动机的种类	(1)感应电动机 (2)整流子电动机 (3)其他
附属电动机线圈的绝缘等级	(1)A 类 (2)E 类 (3)B 类 (4)F 类 (5)H 类 (6)其他
防超温装置	(1)有 (2)无
防超温装置的种类	(1)双金属片式 (2)温度保险丝式 (3)其他
防超温装置的动作温度	(1)100℃以下 (2)100℃～120℃ (3)120℃～140℃ (4)140℃～160℃ (5)160℃～180℃ (6)180℃～200℃ (7)200℃～220℃ (8)220℃～240℃ (9)240℃～260℃ (10)260℃～280℃ (11)280℃～300℃ (12)300℃以上

续表 5-30

要素	区分
双重绝缘	(1)有 (2)无

2. 送样要求

主检型号送样数量为 3 台，申请人按认证机构的要求选送，并对选送样品负责，覆盖型号视情况而定。

三、电磁兼容的要求

电磁兼容测试按照 55014—1(H20)标准，技术要求如表 5-31 所示。

表 5-31

日本认证标准		
标准编号	标准名称	测试项目
J55014—1(H20)	家用电器、电动工具和类似器具的无线电骚扰限值和测量方法	端子电压
		骚扰功率

端子电压：按照 J55014—1(H20)标准，端子电压在屏蔽室进行，技术要求如表 5-32 所示。

表 5-32

测试项目	测试标准	频率范围(MHz)	限值(dBμV)	
			准峰值	平均值
端子电压	J55014—1(H20)	0.15～0.5	66～56	59～46
		0.5 ～5	56	46
		5 ～30	60	50

骚扰功率：按照 J55014—1(H20)标准，骚扰功率在屏蔽室进行，技术要求如表 5-33 所示。

表 5-33

测试项目	测试标准	频率范围(MHz)	限值(dBpW)	
			准峰值	平均值
骚扰功率	J55014—1(H20)	30～300	45～55	35～45

第五节　电动力应用机械器具

一、概述

电动力应用机械器具属于PSE特定电气用品，包含电泵、电井泵、冷藏展示柜、冷冻展示柜、冰淇淋机、食物垃圾处理机、电动按摩器、自动清洗干燥式马桶、自动售货机、浴缸用电气泡发生器、观赏鱼用电气泡发生器、其他电气泡发生器、电动玩具、电动车、其他电动力应用游戏器具等。其共同特点是：额定电压在300V以下；额定频率50Hz和/或60Hz；并由交流电源供电的器具。

电动力应用机械器具的分类详见表5-34，适用标准详见表5-35。

表5-34　电动力应用机械器具分类

电气用品名称	产品实物照片	产品说明
电泵	电泵 高压清洗机	额定功率小于1500W的器具 仅限于作为独立使用的器具，作为一个设置在整机器具内部的电泵、电喷泉泵、真空泵、油泵、沙泵等都不属于此类器具 吸水加压并喷射出水的高压清洗机属于此范畴内的器具
电井泵		额定功率小于1500W的器具 仅限于作为独立使用的器具，作为一个设置在整机器具内部的电泵、电喷泉泵、真空泵、油泵、沙泵等都不属于此类器具

续表 5-34

电气用品名称	产品实物照片	产品说明
冷藏展示柜		额定功率小于 300W 的器具，且带有制冷装置的器具 可以从外部透视冷藏室内的物品，且属于商业用途的器具。仅供家庭使用的器具不在此范畴之内
冷冻展示柜		额定功率小于 300W 的器具，且带有制冷装置的器具 可以从外部透视冷藏室内的物品，且属于商业用途的器具。仅供家庭使用的器具不在此范畴之内
冰淇淋机		额定功率小于 500W 的器具，且由电机驱动
食物垃圾处理机	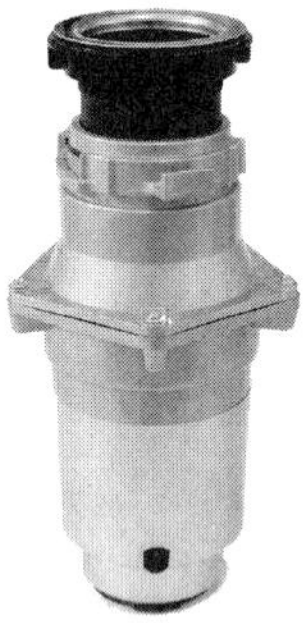	额定功率小于 1000W 的器具
电动按摩器		用于按摩及类似目的的电动按摩器具

续表 5-34

电气用品名称	产品实物照片	产品说明
自动清洗干燥式马桶	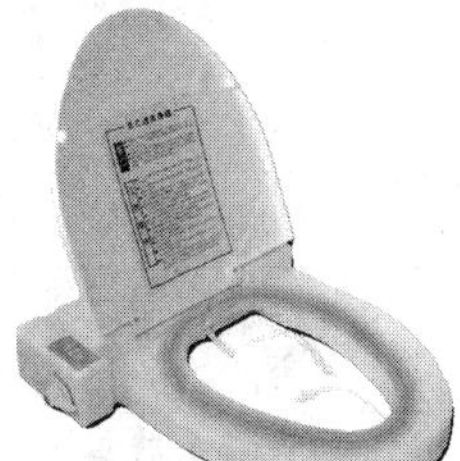	无论清洗装置、干燥装置与马桶在结构上是否分离都属于此类器具
自动售货机		销售瓶装、罐装饮品的器具 该器具可带有电加热装置、制冷装置；车票销售机不属于此类器具的范畴
观赏鱼用电气泡发生器		额度功率小于 100W 的器具
其他电动力应用游戏器具	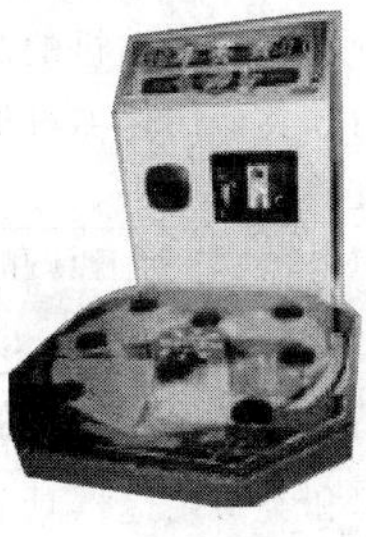	以电机或电磁振荡器驱动的玩具器具，“电子游戏机”不属于此类器具范畴

表 5-35 电动力应用机械器具安全认证适用标准

电气用品名	日本认证标准	
	标准编号	标准名称
电泵	J60335—1(H20)	家用和类似用途器具的安全 通用要求
	J60335—2-41(H20)	家用和类似用途器具的安全 泵的特殊要求
	J60335—2-79(H20)	家用和类似用途器具的安全 工业和商业用高压清洁器与蒸汽清洁器的特殊要求
	J60335—2-51(H20)	家用和类似用途器具的安全 加热和供水装置固定循环泵的特殊要求
	J55014—1(H20)	家用电器、电动工具和类似器具的无线电骚扰限值和测量方法
电井泵	J60335—1(H20)	家用和类似用途器具的安全 通用要求
	J60335—2-41(H20)	家用和类似用途器具的安全 泵的特殊要求
	J60335—2-79(H20)	家用和类似用途器具的安全 工业和商业用高压清洁器与蒸汽清洁器的特殊要求
	J60335—2-51(H20)	家用和类似用途器具的安全 加热和供水装置固定循环泵的特殊要求
	J55014—1(H20)	家用电器、电动工具和类似器具的无线电骚扰限值和测量方法
冷藏展示柜	J60335—1(H20)	家用和类似用途器具的安全 通用要求
	J60335—2-89(H20)	家用和类似用途器具的安全 带嵌装或远置式制冷剂冷凝装置或压缩机的商用制冷器具的特殊要求
	J60335—2-24(H20)	家用和类似用途器具的安全 制冷器具、冰淇淋机和制冰机的特殊要求
	J55014—1(H20)	家用电器、电动工具和类似器具的无线电骚扰限值和测量方法
冷冻展示柜	J60335—1(H20)	家用和类似用途器具的安全 通用要求
	J60335—2-89(H20)	家用和类似用途器具的安全 带嵌装或远置式制冷剂冷凝装置或压缩机的商用制冷器具的特殊要求
	J60335—2-24(H20)	家用和类似用途器具的安全 制冷器具、冰淇淋机和制冰机的特殊要求
	J55014—1(H20)	家用电器、电动工具和类似器具的无线电骚扰限值和测量方法
冰淇淋机	J60335—1(H20)	家用和类似用途器具的安全 通用要求
	J60335—2-24(H20)	家用和类似用途器具的安全 制冷器具、冰淇淋机和制冰机的特殊要求
	J55014—1(H20)	家用电器、电动工具和类似器具的无线电骚扰限值和测量方法

续表 5-35

电气用品名	日本认证标准	
	标准编号	标准名称
食物垃圾处理机	J60335—1(H20)	家用和类似用途器具的安全 通用要求
	J60335—2-16(H20)	家用和类似用途器具的安全 废弃食物处理器的特殊要求
	J55014—1(H20)	家用电器、电动工具和类似器具的无线电骚扰限值和测量方法
电动按摩器	J60335—1(H20)	家用和类似用途器具的安全 通用要求
	J60335—2-32(H20)	家用和类似用途器具的安全 按摩器的特殊要求
	J55014—1(H20)	家用电器、电动工具和类似器具的无线电骚扰限值和测量方法
自动清洗干燥式马桶	J60335—1(H20)	家用和类似用途器具的安全 通用要求
	J60335—2-84(H14)	家用和类似用途器具的安全 坐便器的特殊要求
	J55014—1(H20)	家用电器、电动工具和类似器具的无线电骚扰限值和测量方法
自动售货机	J60335—1(H20)	家用和类似用途器具的安全 通用要求
	J60335—2-75(H20)	家用和类似用途器具的安全 商用售卖机的特殊要求
	J55014—1(H20)	家用电器、电动工具和类似器具的无线电骚扰限值和测量方法
浴缸用电气泡发生器	J60335—1(H20)	家用和类似用途器具的安全 通用要求
	J60335—2-60(H20)	家用和类似用途器具的安全 涡流浴缸的特殊要求
	J55014—1(H20)	家用电器、电动工具和类似器具的无线电骚扰限值和测量方法
观赏鱼用电气泡发生器	J60335—1(H20)	家用和类似用途器具的安全 通用要求
	J60335—2-55(H20)	家用和类似用途器具的安全 水族箱和花池塘园用电器的特殊要求
	J55014—1(H20)	家用电器、电动工具和类似器具的无线电骚扰限值和测量方法
其他电动力应用游戏器具	J60335—1(H20)	家用和类似用途器具的安全 通用要求
	J60335—2-82(H20)	家用和类似用途器具的安全 服务和娱乐器具的特殊要求
	J55014—1(H20)	家用电器、电动工具和类似器具的无线电骚扰限值和测量方法

二、单元划分及送样要求

1. 单元划分原则

单元划分原则：

(1)电气原理相同；

(2)结构、材质、性能一致；

(3)型式区分均相同的多个型号产品可划为同一申请单元；

(4)同一制造商、同一产品型号、不同生产厂的产品应分为不同的申请单元。

冷藏展示柜的型式区分如表 5-36 所示。

表 5-36

要素	区分
相数	(1)单相 (2)3 相
额定电压	(1)125V 以下 (2)超过 125V
电动机数	(1)1 (2)2 (3)3 以上
电动机的额定功率 (仅限压缩式)	(1)50W 以下 (2) 50W～60W (3)60W～70W (4)70W～80W (5)80W～90W (6)90W～100W (7)100W～200W (8)200W～300W (9)300W～400W (10)400W 以上
电磁振动器的额定功率 (仅限振动式)	(1)30W 以下 (2)30W～40W (3)40W～50W (4)50W～60W (5)60W～70W (6)70W～80W (7)80W～90W (8)90W～100W (9)100W～200W (10)200W～300W (11)300W～400W (12)400W 以上

续表 5-36

要素	区分
电热装置	(1)有 (2)无
电热装置的额定功率	(1)100W 以下 (2)100W～200W (3)200W～300W (4)300W～400W (5)400W 以上
额定频率	(1)50Hz (2)60Hz
压缩用电动机	(1)有 (2)无
压缩用电动机的种类	(1)分相启动感应电动机 (2)电容启动感应电动机 (3)电容感应电动机 (4)蔽极线圈式感应电动机 (5)整流子电动机 (6)3 相感应电动机 (7)其他
压缩用电动机的极数	(1)2 极 (2)4 极 (3)6 极 (4)8 极以上
压缩用电动机或电磁振动器线圈的绝缘等级	(1)A 级 (2)E 级 (3)B 级 (4)F 级 (5)H 级 (6)其他
冷凝器冷却用电动机	(1)有 (2)无
冷凝器冷却用电动机的种类	(1)分相启动感应电动机 (2)电容启动感应电动机 (3)电容感应电动机 (4)蔽极线圈式感应电动机 (5)整流子电动机 (6)3 相感应电动机 (7)其他
冷凝器冷却用电动机的极	(1)2 极 (2)4 极 (3)6 极 (4)8 极以上

续表 5-36

要素	区分
冷凝器冷却用电动机线圈的绝缘等级	(1)A 级 (2)E 级 (3)B 级 (4)F 级 (5)H 级 (6)其他
器具开关	(1)有 (2)无
器具开关的操作方式	(1)拨动式 (2)按钮式 (3)旋转式 (4)拉绳式 (5)电磁式 (6)其他
器具开关的接点材料	(1)银或银合金 (2)铜或铜合金 (3)其他
自动温度调节器	(1)有 (2)无
防超温装置	(1)有 (2)无
防超温装置的种类	(1)双金属片式 (2)温度保险丝式 (3)其他
防超温装置的工作温度	(1)100℃以下 (2)100℃～120℃ (3)120℃～140℃ (4)140℃～160℃ (5)160℃～180℃ (6)180℃～200℃ (7)200℃～220℃ (8)220℃～240℃ (9)240℃～260℃ (10)260℃～280℃ (11)280℃～300℃ (12) 300℃以上
冷藏展示柜的冷却方式	(1)干式 (2)湿式

续表 5-36

要素	区分
除霜用电热装置	(1)有 (2)无
防露用电热装置	(1)有 (2)无
保温用电热装置	(1)有 (2)无
电源电线和器具的连接方式	(1)直接连接 (2)使用连接器
漏电熔断器	(1)有 (2)无
双重绝缘	(1)有 (2)无

电动按摩器的型式区分如表 5-37 所示 。

表 5-37

要素	区分
相数	(1)单相 (2)3 相
额定电压	(1)125V 以下 (2)超过 125V
额定功率 (不含电热装置的额定功率)	(1)10W 以下 (2)10W～20W (3)20W～30W (4)30W～40W (5)40W～50W (6)50W～60W (7)60W～70W (8)70W～80W (9)80W～90W (10)90W～100W (11)100W～200W (12)200W～300W (13)300W～400W (14) 400W～500W (15)500W～600W (16)600W～700W (17)700W～800W (18)800W～900W (19)900W 以上

续表 5-37

要素	区分
额定频率	(1)50Hz (2)60Hz
额定时间	(1)15min 以下的短时间额定 (2)15min～30min 以下的短时间额定 (3)30min 以上的短时间额定 (4)连续额定
驱动的方式	(1)电动式 (2)振动式 (3)其他
电动机数	(1)1 (2)2 (3)3 以上
电动机的种类	(1)分相启动感应电动机 (2)电容启动感应电动机 (3)电容感应电动机 (4)蔽极线圈式感应电动机 (5)整流子电动机 (6)3 相感应电动机 (7)其他
电动机的极数	(1)2 极 (2)4 极 (3)6 极 (4)8 极以上
电动机或电磁振动器的线圈的绝缘等级	(1)A 级 (2)E 级 (3)B 级 (4)F 级 (5)H 级 (6)其他
电热装置	(1)有 (2)无
电热装置的额定功率	(1)10W 以下 (2)10W～20W (3)20W～30W (4)30W～40W (5)40W～50W (6)50W～60W (7)60W～70W (8)70W～80W (9)80W～90W (10)90W～100W (11)100W～200W (12)200W～300W (13)300W～400W (14)400W～500W (15)500W 以上

续表 5-37

要素	区分
器具开关	(1)有 (2)无
器具开关的操作方式	(1)拨动式 (2)按钮式 (3)旋转式 (4)其他
器具开关的接点材料	(1)银或银合金 (2)铜或铜合金 (3)其他
发热部的形态	(1)绕线管式 (2)热板式 (3)夹套式 (4)带式 (5)云母式 (6)小型 (7)导电碳浆式 (8)石英管式 (9)被覆式 (10)灯泡式 (11)使用半导体 (12)其他
自动温度调节器	(1)有 (2)无
自动温度调节器的温度检测方式	(1)双金属片式 (2)液体膨胀式 (3)气体膨胀式 (4)半导体式 (5)其他
自动温度调节器的温度调节方式	(1)接点的机械开闭 (2)其他
自动温度调节器的工作温度	(1)80℃以下 (2)80℃～100℃ (3)100℃～120℃ (4)120℃～140℃ (5)140℃～160℃ (6)160℃～180℃ (7)180℃～200℃ (8)200℃～220℃ (9)220℃～240℃ (10)240℃～260℃ (11)260℃～280℃ (12)280℃～300℃ (13)300℃以上

续表 5-37

要素	区分
自动开关	(1)有 (2)无
自动开关的工作温度设置	(1)固定 (2)可变
自动开关的工作温度	(1)80℃以下 (2)80℃～100℃ (3)100℃～120℃ (4)120℃～140℃ (5)140℃～160℃ (6)160℃～180℃ (7)180℃～200℃ (8)200℃～220℃ (9)220℃～240℃ (10)240℃～260℃ (11)260℃～280℃ (12)280℃～300℃ (13)300℃以上
防超温装置	(1)有 (2)无
防超温装置的种类	(1)双金属片式 (2)温度保险丝式 (3)其他
防超温装置的工作温度	(1)100℃以下 (2)100℃～120℃ (3)120℃～140℃ (4)140℃～160℃ (5)160℃～180℃ (6)180℃～200℃ (7)200℃～220℃ (8)220℃～240℃ (9)240℃～260℃ (10)260℃～280℃ (11)280℃～300℃ (12)300℃以上
种类	(1)手持型 (2)其他
电源电线和器具的连接方式	(1)直接连接 (2)使用连接器
双重绝缘	(1)有 (2)无

食物垃圾处理机的型式区分如表 5-38 所示。

表 5-38

要素	区分
相数	(1)单相 (2)3 相
额定电压	(1)125V 以下 (2)125V 以上
额定功率	(1)40W 以下 (2)40W～50W (3)50W～60W (4)60W～70W (5)70W～80W (6)80W～90W (7)90W～100W (8)100W～200W (9) 200W～300W (10)300W～400W (11)400W～500W (12)500W～600W (13)600W～700W (14)700W～800W (15)800W～900W (16)900W 以上
额定频率	(1)50Hz (2)60Hz
额定时间	(1)短时间额定 (2)连续额定
电动机的种类	(1)分相启动感应电动机 (2)电容启动感应电动机 (3)电容感应电动机 (4)蔽极线圈式感应电动机 (5)整流子电动机 (6)3 相感应电动机 (7)其他
电动机的极数	(1)2 极 (3)6 极 (2)4 极 (4)8 极以上
电动机线圈的绝缘等级	(1)A 级 (2)E 级 (3)B 级 (5)H 级 (4)F 级 (6)其他

续表 5-38

要素	区分
器具开关	(1)有 (2)无
器具开关的操作方式	(1)拨动式 (2)按钮式 (3)旋转式 (4)电磁式 (5)其他
器具开关的接点材料	(1)银或银合金 (2)铜或铜合金 (3)其他
电源电线与器具的连接方式	(1)直接连接 (2)使用连接器
卷线装置	(1)有 (2)无
双重绝缘	(1)有 (2)无

2. 送样要求：

(1)电泵、电井泵、食物垃圾处理机、电动按摩器、自动清洗干燥式马桶、浴缸用电气泡发生器、观赏鱼用电气泡发生器

主检型号送样数量为 3 台，申请人按认证机构的要求选送，并对选送样品负责，覆盖型号视情况而定。

(2)冷藏展示柜、冷冻展示柜、冰淇淋机、自动售货机、其他电动力应用游戏器具

选择该单元中额定电流最大，容积最大或结构最复杂的作为主检型号送样 2 台，覆盖型号视情况而定。

三、电磁兼容的要求

电磁兼容测试按照 J55014—1(H20)标准，技术要求如表 5-39 所示。

表 5-39

日本认证标准		
标准编号	标准名称	测试项目
J55014—1(H20)	家用电器、电动工具和类似器具的无线电骚扰限值和测量方法	端子电压
		骚扰功率

端子电压：按照 J55014—1(H20)标准，端子电压在屏蔽室进行，技术要求如表 5-40 所示。

表 5-40

测试项目	测试标准	频率范围(MHz)	电动机额定功率在 700W 以下		电动机额定功率700W～1000W		电动机额定功率 1000W 以上	
			准峰值(dBμV)	平均值(dBμV)	准峰值(dBμV)	平均值(dBμV)	准峰值(dBμV)	平均值(dBμV)
端子电压	J55014—1(H20)	0.15～0.35	随频率对数性减少					
			66～59	59～49	70～63	63～53	76～69	69～59
		0.35 ～5	59	49	63	53	69	59
		5 ～30	64	54	68	58	74	60

骚扰功率：按照 J55014—1(H20)标准，骚扰功率在屏蔽室进行，技术要求如表 5-41 所示。

表 5-41

测试项目	测试标准	频率范围(MHz)	电动机额定功率在 700W 以下		电动机额定功率700W～1000W		电动机额定功率 1000W 以上	
			准峰值(dBpW)	平均值(dBpW)	准峰值(dBpW)	平均值(dBpW)	准峰值(dBpW)	平均值(dBpW)
骚扰功率	J55014—1(H20)	30～300	随频率线性增大					
			45～55	35～45	49～59	39～49	55～65	45～55

第六节　配线器具

一、概述

配线器具属于 PSE 特定电气用品，配线器具又可分为如下几类产品：控制器、器具开关、耦合器、插头插座、灯座。由于这几类产品技术要求差异较大，本文只围绕各自产品的技术关键点和难点进行介绍。

1. 控制器

控制器是家用电器和类似用途电器中常见的关键零部件，产品范围包括了定时器(定时开关)、压力敏感控制器(压力开关)、浮动开关等。该类产品主要用于改变设备输出，包括激励、传输和操作三个组成部分。其中，至少有一个组成部分是用电的或者电子式的。控制器 PSE 认证产品分类详见表 5-42。

表 5-42　控制器分类

电气产品名称	产品实物照片	产品说明
定时开关		以原动机构或时基电路来实现传输的自动控制器 (1)在下一个循环发生前需要起动 (2)在前一个循环完成后能继续下一个循环
压力开关		一种通过压力信号来控制的电开关
浮动开关	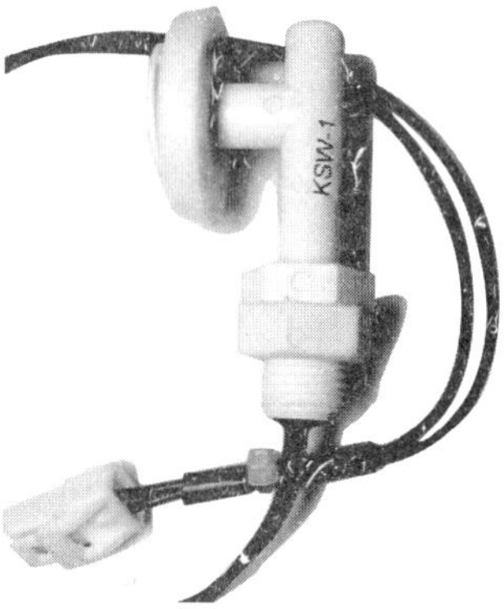	(1)在正常工作条件下,对低水位做出响应的浮子型电自动水位控制器 (2)在非正常条件下,保持水位低于或高于某一特定值的浮子型电自动水位控制器

2. 器具开关

器具开关适用于由手脚或其他人体动作驱动的、用以开动和控制家用或类似用途电气器具和其他设备(机械的或电子的)器具开关。该类产品包含了翻转开关、软线开关、旋转开关、按钮开关、拉线开关、悬吊开关、其他开关、缝纫机控制器等。器具开关PSE认证产品分类详见表5-43。

表 5-43 器具开关分类

电气产品名称	产品图片	产品说明
旋转开关	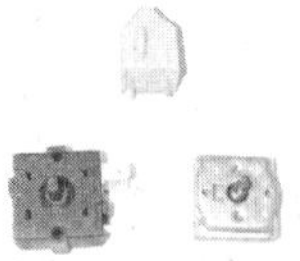	这种开关的操动件是一根轴或心轴，若需改变接触状态，必须将轴旋转到一个或多个位置上
按钮开关	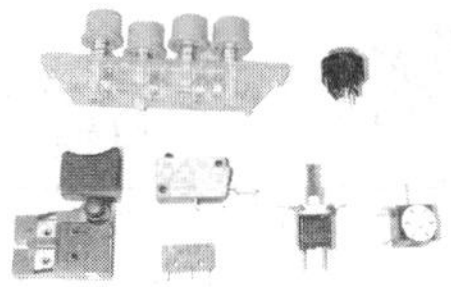	这种开关的操动件是按钮，若需改变接触状态，必须按压按钮
拉线开关		这种开关的操动件是一根拉线，若需改变接触状态，必须拉动拉线
倒扳开关		这种开关的操动件是杠杆（摇杆），若需改变接触状态，必须将杠杆扳到（倒向）一个或多个指定位置上
跷板开关		这种开关的操动件是外观低矮的杠杆（摇杆），若需改变接触状态，必须将摇杆跷向一个或多个指定位置上
推拉开关	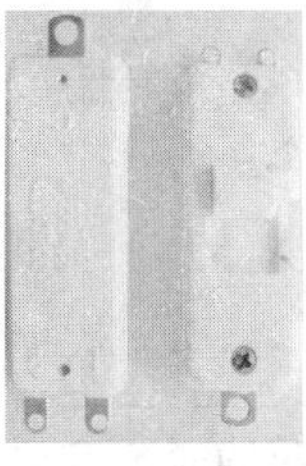	这种开关的操动件是一根杆，若需改变接触状态，必须将杆拉到或推到一个或多个指定位置

续表 5-43

电气产品名称	产品图片	产品说明
软线开关		这种开关的进出端子已经通过软线固定,以达到方便使用者的目的。常见灯具软线上
转换选择器		与分接选择器或选择开关配合使用,当从一个极限位置到另一个极限位置时,能使分接选择器或选择开关的触头和接于其上的分接头不止一次地被使用

3. 耦合器

耦合器产品范围包含电线连接器、电熨斗插头、器具用插头、其他插头连接器等类型。上述产品类型的共同特点是:额定电压不超过 250V,额定电流不超过 16A,仅用于 50Hz 或 60Hz 频率的交流电源。耦合器 PSE 认证产品分类详见表 5-44。

表 5-44　耦合器分类

电气产品名称	产品图片	产品说明
电线连接器		用于冷条件下Ⅱ类设备用的 0.2A 250V 连接器(不超过 70℃环境下使用)
		用于冷条件下Ⅰ类设备用的 2.5A 250V 连接器(不超过 70℃环境下使用)
		用于冷条件下Ⅱ类设备用的 2.5A 250V 连接器(不超过 70℃环境下使用)

续表 5-44

电气产品名称	产品图片	产品说明
电线连接器	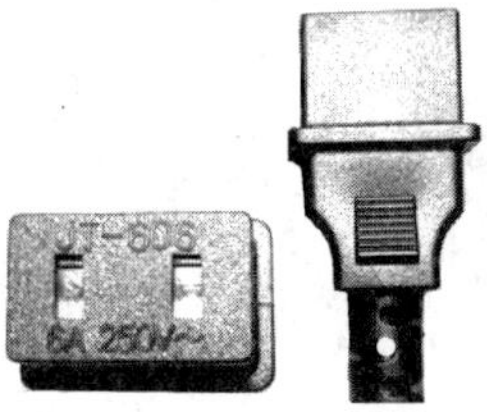	用于冷条件下Ⅱ类设备用的 6A 250V 连接器(不超过 70℃环境下使用)
		用于冷条件下Ⅰ类设备用的 10A 250V 连接器(不超过 70℃环境下使用)
		用于热条件下Ⅰ类设备用的 10A 250V 连接器(不超过 120℃环境下使用)
		用于冷条件下Ⅱ类设备用的 10A 250V 连接器(不超过 70℃环境下使用)
		用于冷条件下Ⅰ类设备用的 16A 250V 连接器(不超过 70℃环境下使用)
器具用插头		用于冷条件下Ⅰ类设备用的 2.5A 250V 器具用插头(不超过 70℃环境下使用)
		用于冷条件下Ⅱ类设备用的 2.5A 250V 器具用插头(不超过 70℃环境下使用)

续表 5-44

电气产品名称	产品图片	产品说明
器具用插头		用于冷条件下Ⅰ类设备用的10A 250V器具用插头(不超过70℃环境下使用)
		用于热条件下Ⅰ类设备用的10A 250V器具用插头(不超过120℃环境下使用)
		用于冷条件下Ⅱ类设备用的10A 250V器具用插头(不超过70℃环境下使用)
		用于冷条件下Ⅰ类设备用的16A 250V器具用插头(不超过70℃环境下使用)

4. 插头插座

插头插座产品范围包含家用插头插座、转换器、工业用插头、工业插座、工业用连接器、工业用器具输入插座、电缆卷盘等类型。插头插座PSE认证产品分类详见表5-45、表5-46、表5-47所示。

表5-45　家用插头插座分类

电气产品名称	产品图片	产品说明
插塞插头		两极不可拆线插头 15A 125V～(配线截面积不同,电流值不同)
		两极带接地不可拆线插头 15A 125V～(配线截面积不同,电流值不同)

续表 5-45

电气产品名称	产品图片	产品说明
插塞插头		两极带接地插头 20A 125V(配线截面积不同,电流值不同)
		两极带接地插头 20A 250V(配线截面积不同,电流值不同)
		0 类插头,两极不可拆线插头 15A 125V~(配线截面积不同,电流值不同)
	 LK5220	两极可拆线插头 20A 250V~
		三极带接地卡扣型可拆线插头 20A 250V~
		两极带接地可拆线插头 20A250V 30A 250V
		两极带接地可拆线插头 50A 250V
	EI3P 	两极带接地可拆线插头 15A 125V

续表 5-45

电气产品名称	产品图片	产品说明
插座		两极带接地插座 15A 125V～
		两极带接地插座 20A 250V～
	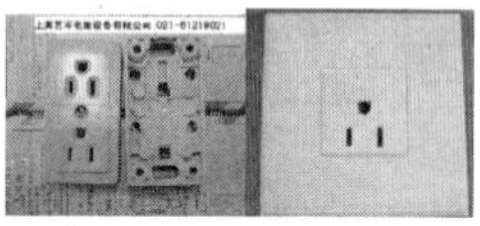	两极带接地插座 15A 125V～
		两极带接地插座 30A 250V～
		移动式插座 20A 250V～
多插头插座	 	可拆线移动式插座
		不可拆线移动式插座
		电线加长组件
	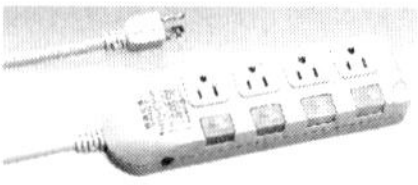	电线加长组件

续表 5-45

电气产品名称	产品图片	产品说明
悬挂灯线盒		三极带接地卡扣型插座 20A 250V～
		两极带接地卡扣型插座 20A 250V～
		两极带接地卡扣型插座 15A 125V～
		两极卡扣型插座 15A 125V～
转换器(插入)		由一个插头部分和一个或多个插座部分两者作为一个整体单元所构成的移动式电器附件

表 5-46　工业用插头插座产品分类

电气产品名称	产品图片	产品说明
电线连接器		工业用连接器
器具用插头		工业用明装器具输入插座
		工业用暗装器具输入插座
其他插头连接器		工业用插头

表 5-47 电缆卷盘产品分类

产品名称	产品图片	产品说明
电缆卷盘		带有插座且有较长电源线的移动式器具

5. 灯座

灯座产品范围包含荧光灯座、荧光灯启动器座、卡口灯座、无键插座、防水灯座、开关灯座、抽拉灯座、按钮灯座、其他灯座、螺口灯座等产品类型。灯座 PSE 认证产品分类详见表 5-48。

表 5-48 灯座分类

产品名称	产品图片	产品说明
荧光灯座		产品设计供灯头为：G5，2G8，GR8，G10q，GR10q，GX10q，GY10q，2G11，G13，2G13，G20，G23，GX23，G24，GX24，GY24，G32，GX32，GXY32，GX53，Fa6，Fa8，R17d 管形荧光灯使用的独立式灯座和内装式灯座
荧光灯启动器座		产品设计供在交流电路中工作时工作电压有效值不超过 1000V 的符合标准要求的启动器使用的独立式启动器座和内装式启动器座
卡口灯座		产品设计灯泡和半灯具连接到 250V 电源电压上的 B15d 和 B22d 卡口灯座
无键插座		产品设计不带开关的灯座

续表 5-48

产品名称	产品图片	产品说明
防水灯座	 下一张	产品设计能够提供防水的灯座
开关灯座		设计成带开关的灯座
抽拉灯座	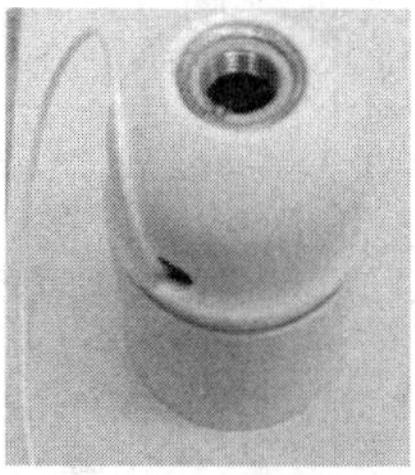	设计成带有开关为拉线开关的灯座
按钮灯座		设计成带有开关为按钮开关的灯座
其他灯座		除以上灯座类别以外的灯座
螺口灯座		设计成供给灯及半灯具与电源连接时使用的爱迪生螺口灯座

配线器具适用标准如表 5-49 所示。

表 5-49 配线器具适用标准

电器用品名称	日本认证标准	
	标准编号	标准名称
翻转开关	J60669—1(H14)	家用和类似用途固定式电气装置的开关 第 1 部分:通用要求
	J61058—1(H20)	器具开关 第 1 部分:通用要求
	J61058—2-5(H20)	器具开关 第 2 部分:转换选择器的特殊要求
软线开关	J61058—1(H20)	器具开关 第 1 部分:通用要求
	J61058—2-1(H20)	器具开关 第 2 部分:软线开关的特殊要求
定时开关	J60730—1(H23)	家用和类似用途电自动控制器 第 1 部分:通用要求
	J60730—2-7(H23)	家用和类似用途电自动控制器 第 2 部分:定时器和定时开关的特殊要求
旋转开关	J60669—1(H14)	家用和类似用途固定式电气装置的开关 第 1 部分:通用要求
	J60669—2-1(H14)	家用和类似用途固定式电气装置的开关 第 2 部分:特殊要求 第 1 节:电子开关
	J60669—2-3(H16)	家用和类似固定电气装置用开关 第 2-3 部分:特殊要求 延时开关
	J61058—1(H20)	器具开关 第 1 部分:通用要求
	J61058—2-5(H20)	器具开关 第 2 部分:转换选择器的特殊要求
按钮开关	J60669—1(H14)	家用和类似用途固定式电气装置的开关 第 1 部分:通用要求
	J60669—2-1(H14)	家用和类似用途固定式电气装置的开关 第 2 部分:特殊要求 第 1 节:电子开关
	J61058—1(H20)	器具开关 第 1 部分:通用要求
拉线开关	J60669—1(H14)	家用和类似用途固定式电气装置的开关 第 1 部分:通用要求
	J60669—2-1(H14)	家用和类似用途固定式电气装置的开关 第 2 部分:特殊要求 第 1 节:电子开关
	J60669—2-3(H16)	家用和类似固定电气装置用开关 第 2-3 部分:特殊要求.延时开关
	J61058—1(H20)	器具开关 第 1 部分:通用要求
	J61058—2-5(H20)	器具开关 第 2 部分:转换选择器的特殊要求
悬吊开关	J61058—1(H20)	器具开关 第 1 部分:通用要求
	J61058—2-1(H20)	器具开关 第 2 部分:软线开关的特殊要求

续表 5-49

电器用品名称	日本认证标准	
	标准编号	标准名称
街灯开关	J60669—1(H14)	家用和类似用途固定式电气装置的开关 第1部分:通用要求
	J60669—2-3(H16)	家用和类似固定电气装置用开关 第2-3部分:特殊要求.延时开关
光电式自动开关	J60669—1(H14)	家用和类似用途固定式电气装置的开关 第1部分:通用要求
	J60669—2-1(H14)	家用和类似用途固定式电气装置的开关 第2部分:特殊要求 第1节:电子开关
其他开关	J60669—1(H14)	家用和类似用途固定式电气装置的开关 第1部分:通用要求
	J60669—2-1(H14)	家用和类似用途固定式电气装置的开关 第2部分:特殊要求 第1节:电子开关
	J61058—1(H20)	器具开关 第1部分:通用要求
	J61058—2-5(H20)	器具开关 第2部分:转换选择器的特殊要求
浮动开关	J60730—1(H23)	家用和类似用途电自动控制器 第1部分:通用要求
	J60730—2-15(H23)	电气气流、水流和水位感应控制器的特殊要求
压力开关	J60730—1(H23)	家用和类似用途电自动控制器 第1部分:通用要求
	J60730—2-6(H23)	家用和类似用途电自动控制器 第2部分压力敏感电自动控制器的特殊要求(包括机械要求)
缝纫机控制器	J61058—1(H20)	器具开关 第1部分:通用要求
插塞插头	J60884—1(H23)	家用和类似用途插头插座 第1部分:通用要求
插座	J60884—1(H23)	家用和类似用途插头插座 第1部分:通用要求
多插头插座	J60884—1(H23)	家用和类似用途插头插座 第1部分:通用要求
电线连接器	J60320—1(H21)	家用和类似用途的器具耦合器 第1部分:通用要求
	J60309—1(H23)	工业用插头插座和耦合器 第1部分:通用要求
电熨斗插头	J60320—1(H21)	家用和类似用途的器具耦合器 第1部分:通用要求
	J60320—2-J1(H21)	家用和类似一般用途器具连接器.第2—J1部分:电熨斗插头特殊要求
器具用插头	J60320—1(H21)	家用和类似用途的器具耦合器 第1部分:通用要求
	J60309—1(H23)	工业用插头插座和耦合器 第1部分:通用要求

续表 5-49

电器用品名称	日本认证标准	
	标准编号	标准名称
转换器(插入)	J60884—1(H20)	家用和类似用途插头插座 第1部分:通用要求
	J60884—2-5(H20)	家用和类似用途插头插座 第2部分:转换器的特殊要求
卷线盘	J61242(H14)	电器附件—家用和类似用途电缆卷盘
其他插头连接器	J60320—1(H21)	家用和类似用途的器具耦合器 第1部分:通用要求
	J60309—1(H23)	工业用插头插座和耦合器 第1部分:通用要求
灯座	J60238(H20)	螺口灯座
可分离插头	J60238(H20)	螺口灯座
其他螺旋式连接器	J60238(H20)	螺口灯座
荧光灯座	J60400(H23)	管形荧光灯座和启动器座技术条件
荧光灯启动器座	J60400(H23)	管形荧光灯座和启动器座技术条件
卡口灯座	J61184(H20)	卡口灯座
无键插座	J60400(H23)	管形荧光灯座和启动器座技术条件
防水灯座	J60838—1(H20)	杂类灯座 第一部分:通用要求和试验
开关灯座	J60838—2-1(H20)	杂类灯座 第2部分:第1篇:S14灯座的特殊要求
抽拉灯座	J60238(H20)	螺口灯座
按钮灯座	J61184(H20)	卡口灯座
其他灯座	J60838—1(H20)	杂类灯座 第一部分:通用要求和试验
	J60838—2-1(H20)	杂类灯座 第2部分:第1篇:S14灯座的特殊要求
螺旋灯线盒	J60884—1(H23)	家用和类似用途插头插座 第1部分:通用要求
	J60884—2-J1(H20)	家用和类似用途插头插座 第1部分:螺旋灯线盒特殊要求
悬挂灯线盒	J60884—1(H23)	家用和类似用途插头插座 第1部分:通用要求
	J60884—2-J1(H20)	家用和类似用途插头插座 第1部分:螺旋灯线盒特殊要求
其他灯线盒	J60884—1(H23)	家用和类似用途插头插座 第1部分:通用要求
	J60884—2-J1(H20)	家用和类似用途插头插座 第1部分:螺旋灯线盒特殊要求

续表 5-49

电器用品名称	日本认证标准	
	标准编号	标准名称
接线盒	J60998—1(H22)	家用和类似用途低压电路用的连接器件 1 部分:通用要求
	J60998—2-1(H22)	家用和类似用途低压电路用的连接器件 2-1 部分:作为独立单元的带螺纹型夹紧件的连接器件的特殊要求
	J60998—2-2(H22)	家用和类似用途低压电路用的连接器件第 2-2 部分:作为独立单元的带无螺纹型夹紧件的连接器件的特殊要求
	J60670—1(H20)	家用和类似用途固定式电气装置电器附件安装盒和外壳 第 1 部分:通用要求
	J60670—22(H20)	家用和类似用途固定式电气装置的电器附件安装盒和外壳 第 22 部分:连接盒与外壳的特殊要求

二、单元划分及送样要求

1. 控制器单元划分原则

(1)结构、材质一致为同一单元;

(2)型式区分均相同的多个型号产品可划为同一申请单元;

(3)同一制造商、同一产品型号、不同生产厂的产品应分为不同的申请单元。

表 5-50 为定时开关、街灯开关和光电式自动开关的型式区分。

表 5-50

要素	区分
额定电压	(1) 125V 以下 (2) 超过 125V
额定电流	(1) 7A 以下 (2)7A～10A (3)10A～15A (4)15A～20A (5)20A 以上
所连接的电线的种类	(1)铜 (2)其他
开闭机构的方式	(1)机械式 (2)其他

续表 5-50

要素	区分
接点材料	(1)银或银合金 (2)铜或铜合金 (3)其他
主绝缘体的材料	(1)合成树脂 (2)其他
外壳材料	(1)金属 (2)合成树脂 (3)其他
操作方式(仅限于街灯开关的情形)	(1)翻转式 (2)旋转式 (3)拉线式 (4)其他
驱动方式(仅限于定时开关的情形)	(1)弹簧式 (2)电池式 (3)商用频率的交流式 (4)其他
种类(仅限于光电式自动开关的情形)	(1)一体式 (2)分离式

表 5-51 为浮动开关、压力开关的型式区分。

表 5-51

要素	区分
额定电压	(1) 125V 以下 (2) 超过 125V
额定电流(仅限于有额定电流表示的情形)	(1) 7A 以下 (2)7A～10A (3)10A～15A (4)15A 以上
所适用的电机的额定容量 (仅限于有电机额定容量表示的情形)	(1)单相,200W 以下 (2)单相,200W～400W (3)单相,400W～750W (4)单相,750W 以上 (5)3 相,750W 以下 (6)3 相,750W～2.2kW (7)3 相,2.2kW～3.7kW (8)3 相,3.7kW～7.5kW (9)3 相,7.5kW 以上

续表 5-51

要素	区分
极性	(1)单极 (2)2 极以上
所连接的电线的种类	(1)铜 (2)其他
接点材料	(1)银或银合金 (2)铜或铜合金 (3)其他
动作压力(仅限于压力开关的情形)	(1)100kPa 以下 (2)100kPa 以上
外壳材料	(1)金属 (2)合成树脂 (3)其他
用途	(1)电机用 (2)电磁开关操作用 (3)其他
防水构造	(1)防雨型 (2)防浸型 (3)非防水型

2. 控制器送样要求

在同一申请单元,原则上主检样品送 10 只,覆盖样品送 4 只。例如同一型号的电饭锅定时开关 DBD,额定电压电流都一样,只是走时时间不同,从 30min～720min。一般选时间最长的,即 720min 的样品作为主检样品,要求送 10 只;30min 样品作为覆盖样品,要求送 4 只。

由于 J 标准要求对绝缘材料进行考核,有些样品中材料较小,如定时器的触片夹持件,端子夹持件等一般尺寸太小,所以在送样的时候要附送绝缘材料块(最小规格为 15mm×15mm×3mm)10 块;如果同一部件有不同型号的材料,或者材料的供应商不一致,需分别提供,样块各 5 块。

另外,因为定时开关、压力开关、浮动开关等样品外形较小,不容易看清内部的结构和部件,需在送样时附送散件两套。

3. 说明

下面对具体的产品举例说明跟测试相关的参数。

(1)定时开关举例

①样品上的标识。定时开关这个产品送样时样品上要标明型号,走时时间如 DBD 30。

一般还需在样品上标注以下内容:厂名或商标、额定电压、电压类型、频率使用范围、额定电流、走时时间、T 标志(最高使用环境温度的标志),一个系列的定时开关产品,一般只是走时时间不同。例如 DBD 系列的定时器的标志如图 5-1 所示。

××定时开关厂 DBD　125VAC 60Hz　5A　T100 30min	××定时开关厂 DBD　125VAC 60Hz　5A　T100 15min

图 5-1　DBD 系列定时器的标志

有些厂家在一个系列的定时器上标了相同的标志，单从标志无法区分各个样品的差异，如图 5-2 所示，这样的产品标志就缺少了唯一性，是不符合标准要求的。

××定时开关厂 DBD　125VAC 60Hz　5A　T100

图 5-2　错误的 DBD 系列定时器的标志

②产品说明书/产品描述，爆炸图。

③标准 J 60730 系列表 7.2 的内容，见表 5-52。

表 5-52　定时开关的标准 J60730 系列表 7.2 范例

技术参数	内容(例)	备注
生产厂家	××定时开关厂	标在样品上
型 号	DBD30,45,60,120,240,480,720	标在样品上
名称及用途	电饭锅定时开关	
额定电压、电流、频率	125V 5A 60Hz	
走时时间	30,45,60,120,240,480,720min	
制造偏差和漂移(走时精度)	5%	
Tmax;Tmin	0;100℃	
操作方向	顺时针	
操作力矩	0.1—0.5N·m	
工作角度	300°	
使用寿命	10000 次	
1 型或 2 型动作	2 型	
1 型或 2 型动作的附加特性	2C(微切断)	
所用绝缘材料的性能		
耐热	180℃	
耐燃	850℃	
耐漏电起痕	□ 175V □ 250V	
使用环境污染状况	□清洁 □正常 □脏	

④安全原材料清单，见表 5-53。

表 5-53 定时开关的安全原材料清单范例

序号	名称	型号/牌号	数量	生产厂名称	生产厂地址	备注
	接点(触点)					
	主绝缘体					
	外壳					
	簧片/弹簧					
	绝缘电线					
	加持件(开关座)					
	发条					
	铝轴					
	齿轮					
	定片					
	动片					
	绝缘块					
	其他					

(2)压力开关举例

①样品上的标识:压力开关这个产品送样时样品上要标明型号、打开压力如 YK 3.6。

②产品说明书/产品描述,爆炸图。

③标准 J 60730 系列表 7.2 的内容,见表 5-54。

表 5-54 压力开关的标准 J 60730 系列表 7.2 范例

技术参数	内容(例)	备注
生产厂家		
型 号		
名称及用途		
额定电压、电流、频率		
使用温度范围		
使用寿命		
所用绝缘材料的性能		
耐热		
耐燃		
耐漏电起痕	□ 175V □ 250V	
使用环境污染状况	□清洁 □正常 □脏	

续表 5-54

技术参数	内容(例)	备注
1 型或 2 型动作		
1 型或 2 型动作的附加特性		
传递压力的介质		
操作偏差		
最大工作压力		

资料中一些参数的说明：

①传递压力的介质:用于传递压力到压敏元件的介质,一般为空气、水等。

②最大工作压力:是制造厂规定的、控制器可以调整的最大限度或系统的最大工作压力。

③操作偏差:操作压力的上限和下限之差。

④安全原材料清单,见表 5-55。

表 5-55　压力开关的安全原材料清单范例

序号	名称	型号/牌号	数量	生产厂名称	生产厂地址	备注
	接点(触点)					
	外壳					
	簧片/弹簧					
	绝缘电线					
	膜片					
	调节螺栓					
	骨架					
	其他					

(3)浮动开关举例

①样品上的标识。浮动开关这个产品送样时样品上要标明型号,打开水位等。

②产品说明书/产品描述,爆炸图。

③标准 J 60730 系列表 7.2 的内容,见表 5-56。

表 5-56　浮动开关标准 J 60730 系列表 7.2 范例

技术参数	内容(例)	备注
生产厂家		
型号		
名称及用途		

续表 5-56

技术参数	内容(例)	备注
额定电压、电流、频率		
使用温度范围		
使用寿命		
所用绝缘材料的性能		
耐热		
耐燃		
耐漏电起痕	□ 175V □ 250V	
使用环境污染状况	□清洁 □正常 □脏	
最高水温		
最大工作压力		
预定使用的其他环境条件		
完全或部分浸在水中或其他环境条件		
延时响应		

④安全原材料清单，见表 5-57。

表 5-57　浮动开关的安全原材料清单范例

序号	名称	型号/牌号	数量	生产厂名称	生产厂地址	备注
	接点(触点)					
	外壳					
	簧片/弹簧					
	绝缘电线					
	磁芯					
	浮子					
	其他					

4. 器具开关单元划分原则

(1)结构、材质一致划为同一申请单元；

(2)型式区分均相同的多个型号产品可划为同一申请单元；

(3)同一制造商、同一产品型号、不同生产厂的产品应分为不同的申请单元。

翻转开关、旋转开关、按钮开关、拉线开关、软线开关、悬吊开关、其他开关型式区分如表 5-58 所示。

表 5-58

要素	区分
额定电压	(1) 125V 以下 (2) 125V 以上
额定电流(仅限于有额定电流表示的情形)	(1) 7A 以下 (2)7A～10A (3)10A～15A (4)15A～20A (5)20A 以上
所适用的电机的额定容量(仅限于有电机额定容量表示的情形)	(1) 100W 以下 (2) 100W～200W (3)200W～400W (4)400W～750W (5) 750W 以上
极性	(1) 单极 (2) 2 极以上
所连接的电线的种类	(1) 铜 (2) 其他
切换的档数(含开的操作,以下同)	(1) 2 以下 (2) 3 以上
开闭机构的方	(1) 机械式 (2) 其他
按钮数目(仅限于除电磁开关操作用之外的按钮开关的情形)	(1) 单按钮 (2) 2 按钮 (3) 3 按钮以上
防水结构	(1) 防雨型 (2) 防浸型 (3) 非防水型
接点材料	(1) 银或银合金 (2) 铜或铜合金 (3) 其他
主绝缘体的材料	(1) 合成树脂 (2) 其他
外壳材料(不含具有组装进机械器具内的构造者)	(1) 金属 (2) 合成树脂 (3) 其他
使用方法	(1) 组装进电子机械器具内者 (2) 装进机械器具内者(不含组装进电子机械器具内者) (3) 其他

续表 5-58

要素	区分
用途	(1) 电磁开关操作用 (2) 电机操作用 (3) 其他
种类	(1) 裸露式 (2) 埋入式

5. 器具开关送样要求

同一申请单元的产品，选送具有代表性的样品作为主检样品进行型式试验，主检样品的选取要根据额定值的大小、结构的复杂性、回路数的多少等情况具体考虑；覆盖样品根据情况（例如不同的端子形式、不同的额定值等）需送样进行相应的差异试验。

按照申请，在同一个单元的基础上送样数量为：

主检样品：最大电流电压送样 10 个，如有特殊情况可能适当增加数量，例如该单元为系列产品，或样品需测试的额定值非常多。

覆盖样品：原则上各送样 3 个，样品的增加（数量按各试验需求确定）：

(1)端子形式不同的；

(2)触点尺寸不同的；

(3)一个产品标注不同的额定电压/电流值；

(4)不同电路负载的。

通常器具开关类产品体积较小，不易进行材料试验，若产品的绝缘部件的尺寸不符合标准的试验要求时，则需针对不同绝缘材料提供尺寸约为 15mm×15mm×3mm 的绝缘材料样块各 5 块。

6. 家用插头插座单元划分原则

(1)结构、材质一致划为同一申请单元。

(2)型式区分均相同的多个型号产品可划为同一申请单元。

(3)同一制造商、同一产品型号、不同生产厂的产品应分为不同的申请单元。

(4)可拆线与不可拆线等要求的不同划分申请单元。

家用插头插座型式区分如表 5-59 所示。

表 5-59

要素	区分
额定电压	(1)125V 以下 (2)超过 125V

续表 5-59

要素	区分
额定电流	(1)3A 以下 (2)3A～7A (3)7A～10A (4)10A～15A (5)15A～20A (6)20A～30A (7)30A 以上
极的配置 (仅限符合技术标准省令附表第四 6(1)D(E)a 中规定的尺寸时)	(1) (2) (3) (4) (5) (6) (7) (8) (9) (10) (11) (12)其他类型
极数 (仅限符合技术标准省令附表第四 6(1)D(E)b 中规定的尺寸时)	(1)包含接地极在内 2 个 (2)包含接地极在内 3 个 (3)包含接地极在内 4 个以上
连接的方式	(1)插入型(防松螺母式除外) (2)悬挂型 (3)插入悬挂型 (4)防松螺母式 (5)固定式 (6)磁石式 (7)其他
连接的电线种类(仅限一般固定配线用的情况)	(1)平形铜导体 (2)非平形铜导体 (3)其他
主绝缘体的材料	(1)合成树脂 (2)橡胶 (3)其他

续表 5-59

要素	区分
外壳的材料	(1)金属 (2)合成树脂 (3)其他
开关	(1)有 (2)无
种类(仅限一般固定配线用的情况)	(1)露出型 (2)埋入型
使用方法(仅限插座时)	(1)单用(地板用除外) (2)连用 (3)地板用 (4)其他
与电源之间的连接方式(仅限多插头插座时)	(1)护套软电缆或软线 (2)插入 (3)其他
电线和主电源的一体成型(仅限插座时)	(1)有 (2)无
防水构造	(1)防水型 (2)防浸型 (3)非防水型

7. 家用插头插座送样要求:

(1)可拆线插头:主检型号送样 12 个,覆盖型号各 3 个。

(2)不可拆线插头:主检型号送样 18 个,覆盖型号各 3 个。配线的长度要大于 1m。

(3)固定式插座:主检型号送样 12 个,覆盖型号各 3 个。无螺纹端子需增加 3 个。

(4)可拆线移动式插座:主检型号送样 12 个,覆盖型号各 3 个。

(5)不可拆线移动式插座:主检型号送样 18 个,覆盖型号各 3 个。

(6)电线加长组件:主检型号送样 18 个,覆盖型号各 3 个。

(7)转换器:主检型号送样 15 个,覆盖型号各 3 个。

8. 灯座单元划分原则

(1)结构、材质一致划为同一申请单元;

(2)型式区分均相同的多个型号产品可划为同一申请单元;

(3)同一制造商、同一产品型号、不同生产厂的产品应分为不同的申请单元。

表 5-60 荧光灯座,荧光灯启动器座的型式区分。

表 5-60

要素	区分
额定电压	(1)125V 以下(含 125V) (2)125V～300V(含 300V) (3)300V～600V(含 600V) (4)高于 600V
额定电流	(1)1A 以下(含 1A) (2)1A～3A(含 3A) (3)3A 以上
插脚数量(仅限于荧光灯座的情形)	(1)1 (2)2 (3)3 以上
接触方式(仅限于荧光灯座的情形)	(1)对接型 (2)嵌入型 (3)插入型 (4)其他
座的尺寸(仅限于荧光灯启动器座的情形)	(1)公称直径 17mm 以下 (2)公称直径超过 17mm
座的种类(仅限于荧光灯启动器座的情形)	(1)螺口型 (2)插入波浪型 (3)悬挂波浪型 (4)其他
主绝缘体材料	(1)陶瓷 (2)合成树脂 (3)其他
防水构造	(1)防雨型 (2)防浸型 (3)非防水型

表 5-61 为卡口灯座型式的区分。

表 5-61

要素	区分
额定电压	(1)125V 及以下 (2)125V 以上
额定电流	(1)3A 及以下 (2)3A 以上
插脚数	(1)2 (2)3 以上
开关	(1)有 (2)无

续表 5-61

要素	区分
插口	(1)有 (2)无
灯头尺寸	(1)公称直径为 26mm (2)其他
主绝缘体材料	(1)陶瓷 (2)合成树脂 (3)其他
外壳材料	(1)金属 (2)合成树脂 (3)其他

表 5-62 为无键插座、防水灯座、开关灯座抽拉灯座、按钮灯座、其他灯座型式的区分。

表 5-62

要素	区分
额定电压	(1)125V 及以下 (2)125V 以上
额定电流	(1)≤1A (2)1A～≤3A (3)3A～≤7A (4)7A～≤10A (5)10A 以上
灯座尺寸	(1)小于 26mm (2)等于 26mm (3)大于 26mm
灯座种类	(1)螺口型 (2)悬挂型 (3)其他
主绝缘体材料	(1)陶瓷 (2)合成树脂 (3)其他
外壳材料	(1)金属 (2)合成树脂 (3)其他
引线	(1)有 (2)无
插口	(1)有 (2)无

表 5-63 螺口灯座型式区分。

表 5-63

要素	区分
额定电压	(1)125V 及以下 (2)125V 以上
额定电流	(1)≤3A (2)>3A～≤7A (3)>7A
连接的电线种类	(1)铜 (2)其他
主绝缘体材料	(1)陶瓷 (2)合成树脂 (3)其他
外壳材料	(1)金属 (2)合成树脂 (3)其他
插口	(1)有 (2)无
开关	(1)有 (2)无
种类	(1)露出型 (2)埋入型

9. 灯座送样要求：

(1)荧光灯座，荧光灯启动器座：最大额定电压和最大额定电流作为主送样品送样八对或八个；其余覆盖样品原则上各送样三个，如需对不同的额定电流值和/或不同的电路负载和/或不同的端子增加相关的试验，则需再增加三至六个样品。

(2)卡口灯座，无键插座，防水灯座，开关灯座，抽拉灯座，按钮灯座，其他灯座，螺口灯座：每个申请认证单元中做型式试验的代表性规格样品(同一额定值产品中任选一种)非开关式灯座 9 只，开关式灯座 12 只，覆盖产品(同一额定值产品中任选一种)3 只。用于支承载流元件、触头和端子的绝缘材料(15mm×15mm×3mm)5 块。

第七节　电线电缆

一、概述

电线电缆属于 PSE 特定电气用品，该类包括：橡胶电缆、合成树脂电缆、电气温床线（橡胶、合成树脂）、荧光灯电线、霓虹灯电线。

橡胶电缆、合成树脂电缆作为两种不同材料种类的电缆产品，主要用于移动或固定敷设用的电力输配设备、信息技术产品、家用电器、电器仪表连接或信号传输。荧光灯电线、霓虹灯电线用于各种灯饰、灯具电源传输。电气温床线（橡胶、合成树脂）用于建筑物采暖、室外融雪、土壤加温等，仅可依据第一项标准进行型式试验。

电线电缆分类详见表 5-64，适用标准详见表 5-65。

表 5-64　电线电缆分类

电气产品名称	产品实物照片	产品说明
橡皮绝缘电线		导体主要材料：(1)铜　(2)其他 导体结构： (1) 绞合线：截面积 8.0mm^2 以下； 单线：直径 3.2mm 以下 (2) 绞合线：截面积超过 8.0mm^2、32mm^2 以下； 单线：直径超过 3.2mm (3) 绞合线：截面积超过 32mm^2 绝缘主要材料 (1) 天然橡胶混合物 (2) 丁基橡胶混合物 (3) 氯丁橡胶混合物 (4) 三元乙丙橡胶混合物 (5) 氯磺化聚乙烯橡胶混合物 (6) 硅橡胶混合物(不含增强机械强度) (7) 硅橡胶混合物(只限具有增强的机械强度) (8) 其他 线芯结构： (1)单芯 (2)2 芯以上 主要用途： (1) 一般固定配线用 (2) 其他

续表 5-64

电气产品名称	产品实物照片	产品说明
电缆 (电气用品的技术基准省令第一项)		导体主要材料: (1)铜 (2)其他 导体结构: (1) 绞合线及成型单线:截面积 8.0mm²以下;单线(不含成型单线):直径 3.2mm以下 (2) 绞合线:截面积超过 8.0mm²、32mm²以下;单线(不含成型单线):直径超过3.2mm (3) 绞合线及成型单线:截面积超过 32mm² 绝缘主要材料: (1)天然橡胶混合物 (2)丁基橡胶混合物 (3)三元乙丙橡胶混合物 (4)硅橡胶混合物(不含增强机械强度) (5)硅橡胶混合物(只限具有增强的机械强度) (6)其他 护套主要材料: (1) 氯丁橡胶混合物 (2) 氯磺化聚乙烯橡胶混合物 (3)硅橡胶混合物(只限具有增强的机械强度) (4)聚氯乙烯树脂混合物 (5)耐热性聚氯乙烯树脂混合物 (6)聚乙烯混合物(耐热性聚乙烯混合物、交联聚乙烯混合物以及耐热性交联聚乙烯混合物除外。以下在本表内同此) (7) 耐热性聚乙烯混合物(耐热性交联聚乙烯混合物除外。以下在本表内同此) (8)交联聚乙烯混合物(耐热性交联聚乙烯混合物除外。以下在本表内同此) (9) 耐热性交联聚乙烯混合物 (10)其他 线芯: (1) 单芯 (2)2 芯以上导体主要材料: (1)铜 (2)其他

续表 5-64

电气产品名称	产品实物照片	产品说明
电缆 (电气用品的技术基准省令第一项)		导体结构: (1)截面积 32mm^2 以下 (2)截面积超过 32mm^2 绝缘主要材料: (1) 三元乙丙橡胶混合物 (2)其他 护套主要材料: (1) 氯丁橡胶混合物 (2) 氯磺化聚乙烯橡胶混合物 (3) 聚氯乙烯树脂混合物 (4) 耐热性聚氯乙烯树脂混合物 (5)其他 线芯: (1) 单芯 (2)2 芯以上
(1)单芯橡胶线 (2)绞合橡胶软线 (3)袋形编织橡胶软线 (4)圆形编织橡胶软线 (5)其他橡胶软线		额定电压(只限于绝缘硅橡胶混合物) (1)150V 以下 (2)150V 以上 (1)天然橡胶混合物 (2)氯丁橡胶混合物 (3)三元乙丙橡胶混合物 (4)氯磺化聚乙烯橡胶混合物 (5)硅橡胶混合物 (6)其他 外部编织: (1)有 (2)无 导体的种类: (1)A 种 (2)其他 线芯结构(单芯橡胶线除外): (1) 同一 (2) 不同 石棉纤维: (1)有 (2)无

续表 5-64

电气产品名称	产品实物照片	产品说明
护套软线		绝缘主要材料： (1) 天然橡胶混合物 (2) 三元乙丙橡胶混合物 (3) 其他 护套主要材料： (1) 天然橡胶混合物 (2) 氯丁橡胶混合 (3) 耐燃乙烯橡胶混合物 (4) 聚氯乙烯树脂混合物 (5) 耐热性聚氯乙烯树脂混合物 (6) 其他 导体的种类： (1)A 种 (2)其他 线芯结构： (1) 同一 (2) 不同 耐震性： (1)有 (2)无 金属导体补强线： (1)有 (2)无
(1)橡皮护套软电缆 (2)聚氯乙烯护套软电缆		导体结构： (1) $8.0mm^2$ 以下 (2) 超过 $8.0mm^2$，$32mm^2$ 以下 (3) 超过 $32mm^2$ 绝缘主要材料： (1) 天然橡胶混合物 (2) 丁基橡胶混合物 (3) 三元乙丙橡胶混合物 (4) 硅橡胶混合物(只限具有增强的机械强度) (5) 其他 护套主要材料(限用聚氯乙烯护套软电缆)： (1) 聚氯乙烯树脂混合物 (2) 耐热性聚氯乙烯树脂混合物 线芯： (1) 单芯 (2)2 芯以上 线芯结构： (1) 圆形 (2) 平行 (3)其他

续表 5-64

电气产品名称	产品实物照片	产品说明
橡套软电缆		种别： (1) 1 种橡套软电缆 (2) 2 种橡套软电缆 (3) 3 种橡套软电缆 (4) 4 种橡套软电缆 (5) 2 种氯丁橡套软电缆 (6) 3 种氯丁橡套软电缆 (7) 4 种氯丁橡套软电缆 (8) 2 种氯磺化聚乙烯橡套软电缆 (9) 3 种氯磺化聚乙烯橡套软电缆 (10)4 种氯磺化聚乙烯橡套软电缆 (11)2 种耐燃乙烯基护套软电缆 (12)3 种耐热乙烯基护套软电缆 (13)硅橡胶护套软电缆 (14) 其他 耐震性： (1)有 (2)无 金属导体补强线： (1)有 (2)无
电气温床线		额定电压：125V 以下、超过 125kV 额定功率： (1)400W 以下 (2)400W～800W (3)超过 800W 绝缘主要材料： (1)天然橡皮混合物 (2)氯丁橡胶混合物 (3)其他 热缓冲层： (1)有 (2)无 发热芯结构： (1) 单芯 (2)绞合 (3) 其他

续表 5-64

电气产品名称	产品实物照片	产品说明
合成树脂绝缘电线		导体主要材料： (1)铜 (2)其他 导体结构： (1) 绞合线：截面积 8.0mm² 以下；单线：直径 3.2mm 以下 (2) 绞合线：截面积超过 8.0mm²、32mm² 以下；单线：直径超过 3.2mm (3) 绞合线：截面积超过 32mm² 绝缘主要材料： (1) 聚氯乙烯树脂混合物 (2) 耐热性聚氯乙烯树脂混合物 (3) 聚乙烯混合物 (4) 耐燃性聚乙烯混合物 (5) 交联聚乙烯混合物 (6) 耐燃性交联聚乙烯混合物 (7) 聚酯混合物(仅限于平型导体合成树脂绝缘电线的情形) (8) 聚丙烯混合物(仅限于平型导体合成树脂绝缘电线的情形) (9) 聚碳酸酯混合物(仅限于平型导体合成树脂绝缘电线的情形) (10) 氟树脂混合物(耐热性氟树脂混物除外。本表以下同此) (11) 耐热性氟树脂混合物 (12) 其他 线芯结构：(1)绞合型　(2)缠绕型 (3)平型　(4)其他 主要用途： (1)一般固定配线用 (2) 室外配电用 (3) 引入配线用 (4) 其他
荧光灯电线		绝缘主要材料： (1)聚氯乙烯混合物； (2)耐热聚氯乙烯混合物 (3)其他
霓虹灯电线		额定电压：7.5kV 以下、超过 7.5kV 绝缘主要材料： (1)聚氯乙烯混合物 (2)其他 护套主要材料： (1)聚氯乙烯混合物 (2)其他

续表 5-64

电气产品名称	产品实物照片	产品说明
电缆(电气用品的技术基准省令第一项)		导体主要材料： (1)铜 (2)其他 导体结构： (1) 绞线及成型单线：截面积 8.0mm² 以下；单线(成型单线除外)：直径 3.2mm 以下 (2) 绞线及成型单线：截面积超过 8.0mm²、32mm² 以下；单线(成型单线除外)：直径超过 3.2mm (3) 绞线及成型单线：截面积超过 32mm² 绝缘主要材料： (1) 聚氯乙烯树脂混合物 (2) 耐热性聚氯乙烯树脂混合物 (3) 聚乙烯混合物 (4) 耐燃性聚乙烯混合物 (5) 交联聚乙烯混合物 (6) 耐燃性交联聚乙烯混合物 (7) 氟树脂混合物 (8) 耐热性氟树脂混合物 (9) 其他 护套主要材料： (1) 氯丁橡胶混合物 (2) 氯磺化聚乙烯橡胶混合物 (3) 硅橡胶混合物(只限具有增强的机械强度) (4) 聚氯乙烯树脂混合物 (5) 耐热性聚氯乙烯树脂混合物 (6) 聚乙烯混合物 (7) 耐燃性聚乙烯混合物 (8) 交联聚乙烯混合物 (9) 耐燃性交联聚乙烯混合物 (10) 其他 线芯： (1) 单芯 (2)2 芯以上 用途： 仅限于聚氯乙烯树脂混合物(含耐热聚氯乙烯树脂混合物)用于外护套的情形 (1) 水泥直埋用 (2) 其他 用途(仅限于护套为耐燃聚乙烯混合物使用的场合)： (1)用于地板 (2)其他

续表 5-64

电气产品名称	产品实物照片	产品说明
电缆 (电气用品的技术基准省令第一项)		导体主要材料:(1)铜　(2)其他 导体结构: (1) 截面积 32mm² 以下 (2) 截面积超过 32mm² 绝缘主要材料: (1) 聚氯乙烯树脂混合物 (2) 耐热性聚氯乙烯树脂混合物 (3) 聚乙烯混合物 (4) 交联聚乙烯混合物 (5) 其他 护套主要材料: (1) 聚氯乙烯树脂混合物 (2) 耐热性聚氯乙烯树脂混合物 (3) 聚乙烯混合物 (4) 耐燃性聚乙烯混合物 (5) 其他 线芯: (1) 单芯 (2)2 芯以上
(1)单芯聚氯乙烯软线 (2)绞合聚氯乙烯软线 (3)袋形聚氯乙烯软线(套管拉出方式) (4)圆形聚氯乙烯软线 (5)其他聚氯乙烯软线		绝缘主要材料: (1)耐热性聚氯乙烯树脂混合物 (2)其他 导体种类: (1)A 种 (2)其他 线芯结构:单芯聚氯乙烯软线除外 (1)同一 (2)不同
(1)单芯聚乙烯软线 (2)其他聚乙烯软线		绝缘主要材料: (1)耐燃性聚乙烯混合物 (2)耐燃交联聚乙烯混合物 (3)其他 导体种类: (1)A 种 (2)其他 线芯结构:(单芯交联聚乙烯电缆除外) (1)同一 (2)不同

续表 5-64

电气产品名称	产品实物照片	产品说明
护套软线	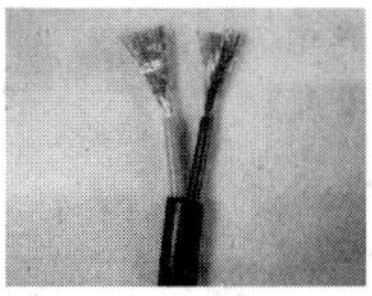	绝缘主要材料： (1) 聚氯乙烯树脂混合物 (2) 耐热性聚氯乙烯树脂混合物 (3) 聚乙烯混合物 (4) 耐燃性聚乙烯混合物 (5) 交联聚乙烯混合物 (6) 耐燃性交联聚乙烯混合物 (7) 聚烯烃混合物 (8) 耐燃聚烯烃混合物 (9) 交联聚烯烃混合物 (10)耐燃交联聚烯烃混合物 (11)其他 护套主要材料： (1) 聚氯乙烯树脂混合物 (2) 耐热性聚氯乙烯树脂混合物 (3) 耐燃聚乙烯混合物 (4) 耐燃性交联聚乙烯混合物 (5) 耐燃聚烯烃混合物 (6) 耐燃性交联聚烯烃混合物 (7)其他 导体种类： (1)A 种 (2)其他 线芯结构： (1)同一 (2)不同 耐震性： (1)有 (2)无 金属导体补强线： (1)有 (2)无
金属箔软线	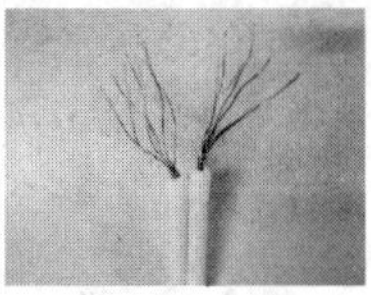	绝缘主要材料： (1) 聚氯乙烯树脂混合物 (2) 耐热性聚氯乙烯树脂混合物 (3) 聚烯烃混合物 (4) 耐燃性聚烯烃混合物 (5) 交联聚烯烃混合物 (6) 耐燃性交联聚烯烃混合物 (7) 其他 外装： (1)有 (2)无

续表 5-64

电气产品名称	产品实物照片	产品说明
金属箔软线	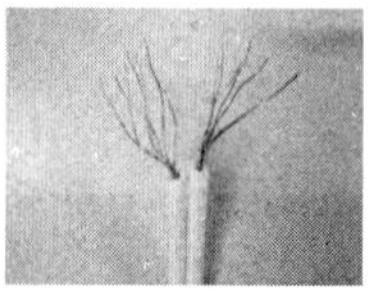	护套主要材料： (1) 聚氯乙烯树脂混合物 (2) 耐热性聚氯乙烯树脂混合物 (3) 耐燃性聚烯烃混合物 (4) 耐燃性交联聚烯烃混合物 (5) 其他 导体种类： (1)A 种 (2)其他
聚氯乙烯护套软电缆	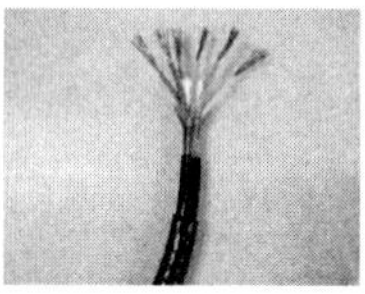	导体截面积： (1) 8.0mm^2 以下； (2) 超过 8.0mm^2、32mm^2 以下 (3) 超过 32mm^2
		绝缘主要材料： (1) 聚氯乙烯树脂混合物 (2) 耐热性聚氯乙烯树脂混合物 (3) 聚乙烯混合物 (4) 耐燃性聚乙烯混合物 (5) 交联聚乙烯混合物 (6) 耐燃性交联聚乙烯混合物 (7) 聚烯烃混合物 (8) 耐燃性聚烯烃混合物 (9) 交联聚烯烃混合物 (10) 耐燃交联聚烯烃混合物 (11)其他 护套主要材料： (1) 聚氯乙烯混合物 (2) 耐热性聚氯乙烯混合物 线芯： (1) 单芯 (2)2 芯以上 线芯结构： (1) 圆形 (2)平形 (3)其他 耐震性： (1)有 (2)无 金属导体补强线： (1)有 (2)无

续表 5-64

电气产品名称	产品实物照片	产品说明
耐燃聚烯烃护套软线		导体截面积： (1) 8.0mm^2 以下； (2) 超过 8.0mm^2、32mm^2 以下 (3) 超过 32mm^2 绝缘主要材料： (1)聚烯烃混合物 (2)耐燃聚烯烃混合物 (3)交联聚烯烃混合物 (4)耐燃交联聚烯烃混合物 (5)其他 护套主要材料： (1)耐燃聚烯烃混合物 (2)耐燃交联聚烯烃混合物 线芯： (1) 单芯 (2)2 芯以上 线芯结构： (1) 圆形 (2)平形 (3)其他 耐震性： (1)有 (2)无
		金属导体补强线： (1)有 (2)无
电气温床线		额定电压： (1)125V 以下 (2)125V 以上 额定功率： (1)400W 以下 (2)400W～800W (3)800W 以上 绝缘主要材料： (1)耐热聚氯乙烯混合物 (2)其他 发热芯结构： (1)单芯 (2)平行 (3)其他

表 5-65 电线电缆产品日本 PSE 认证适用标准

电气用品名称	日本认证标准	
	标准编号	标准名称
橡皮绝缘电缆	J60245—7 (H20)	额定电压 450/750V 及以下橡皮绝缘电缆 第 7 部分:耐热乙烯-乙酸乙烯酯橡皮绝缘电缆
单芯橡胶软电缆	J60245—3 (H20)	额定电压 450/750V 及以下橡皮绝缘电缆 第 3 部分:耐热硅橡胶绝缘电缆
护套软线(橡胶)	J60245—4 (H21)	额定电压 450/750V 及以下橡皮绝缘电缆 第 4 部分:软线和软电缆
电缆		
橡胶护套软电缆		
其他橡皮软线		
橡胶护套软电缆	J60245—8 (H23)	额定电压 450/750V 及以下橡皮绝缘电缆 第 8 部分:特软电线
袋形编织橡皮软线		
圆形橡皮软线		
绞合橡皮软线		
合成树脂绝缘电线	J60227—3(H20)	额定电压 450/750V 及以下聚氯乙烯绝缘电缆 第 3 部分:固定布线用无护套电缆
电缆	J60227—4 (H20)	额定电压 450/750V 及以下聚氯乙烯绝缘电缆 第 4 部分:固套电缆
合成树脂	J60227—5 (H23)	额定电压 450/750V 及以下聚氯乙烯绝缘电缆 第 5 部分:软电缆(软线)
单芯聚氯乙烯软线		
绞合聚氯乙烯软线		
袋形聚氯乙烯软线(套管拉出方式)		
圆形聚氯乙烯软线		
护套软线(合成树脂)		
聚氯乙烯护套软电缆(合成树脂)	J60227—7 (H23)	额定电压 450/750V 及以下聚氯乙烯绝缘电缆 第 7 部分:二芯或多芯屏蔽和非屏蔽软电缆

二、单元划分及送样要求

1. 单元划分原则

(1)结构、材质一致为同一单元;

(2)型式区分均相同的多个型号产品可划为同一申请单元;

(3)同一制造商、同一产品型号、不同生产厂的产品应分为不同的申请单元。

单芯聚氯乙烯软线、绞合聚氯乙烯软线、袋形编织聚氯乙烯软线、圆形聚氯乙烯软、其他聚氯乙烯软线型式区分如表 5-66 所示。

表 5-66

要素	区分
绝缘体的主要材料	(1)耐热聚氯乙烯混合物 (2)其他
导体种类	(1)A 类 (2)其他
线芯构造 (不包含单芯聚氯乙烯软线的情况)	(1)相同 (2)不同

单芯聚烯烃软线、其他聚烯烃软线型式区分如表 5-67 所示。

表 5-67

要素	区分
绝缘体的主要材料	(1)耐燃聚烯烃混合物 (2)耐燃交联聚烯烃混合物 (3)其他
导体种类	(1)A 类 (2)其他
线芯构造 (不包含单芯聚烯烃软线的情况)	(1)相同 (2)不同

单芯聚乙烯软线、其他聚乙烯软线型式区分如表 5-68 所示。

表 5-68

要素	区分
绝缘体主要材料	(1)耐燃聚乙烯混合物 (2)耐燃交联聚乙烯混合物 (3)其他
导体种类	(1)A 类 (2)其他
线芯构造 (不包含单芯聚乙烯软线的情况)	(1)相同 (2)不同

单芯橡皮软线、绞合橡皮软线、袋形编织橡皮软线、圆形橡皮软线、其他橡皮软线型式区分如表 5-69 所示。

表 5-69

要素	区分
额定电压 (仅限于绝缘体使用硅橡胶混合物)	(1)150V 以下 (2)超过 150V
绝缘体的主要材料	(1)天然橡胶混合物 (2)氯丁二烯橡胶混合物 (3)乙丙橡胶混合物 (4)氯磺化聚乙烯橡胶混合物 (5)硅橡胶混合物 (6)其他
外部织物	(1)有 (2)无
导体种类	(1)A 类 (2)其他
线芯构造 (不包含单芯橡皮软线的情况)	(1)相同 (2)不同
石棉纤维	(1)有 (2)无

合成树脂绝缘电线型式区分如表 5-70 所示。

表 5-70

要素	区分
导体的主要材料	(1)铜 (2)其他
导体横截面积 (仅限非平形导体合成树脂绝缘电线)	(1)多股线时标称截面积为 8.0mm^2 以下，单股线时直径为 3.2mm 以下 (2)多股线时标称截面积为 8.0mm^2～32mm^2，单股线时直径超过 3.2mm (3)多股线时标称截面积超过 32mm^2
绝缘体的主要材料	(1)聚氯乙烯混合物 (2)耐热聚氯乙烯混合物 (3)聚乙烯混合物 (4)耐燃聚乙烯混合物 (5)交联聚乙烯混合物 (6)耐燃交联聚乙烯混合物 (7)聚酯混合物(仅限平形导体合成树脂绝缘电线时) (8)聚丙烯混合物(仅限平形导体合成树脂绝缘电线时) (9)聚碳酸酯混合物(仅限平形导体合成树脂绝缘电线时)

续表 5-70

要素	区分
绝缘体的主要材料	(10)氟树脂混合物(不包含耐热氟树脂混合物的情况。在以下该表中相同) (11)耐热氟树脂混合物 (12)其他
线芯构成	(1)绞合型 (2)缠绕型 (3)平型 (4)其他
主要用途	(1)普通固定配线用 (2)室外配电用 (3)引入配线用 (4)其他

护套软线型式区分如表 5-71 所示。

表 5-71

要素	区分
绝缘体主要材料	(1)天然橡胶混合物 (2)乙丙橡胶混合物 (3)其他
外装的主要材料	(1)天然橡胶混合物 (2)氯丁二烯橡胶混合物 (3)耐燃乙烯橡胶混合物 (4)聚氯乙烯混合物 (5)耐热聚氯乙烯混合物 (6)其他
导体种类	(1)A 类 (2)其他
线芯构造	(1)相同 (2)不同
耐震性	(1)有 (2)无
金属制导体预应力钢丝	(1)有 (2)无

金属箔软线型式区分如表 5-72 所示。

表 5-72

要素	区分
绝缘体主要材料	(1)聚氯乙烯混合物 (2)耐热聚氯乙烯混合物 (3)聚烯烃混合物 (4)耐燃聚烯烃混合物 (5)交联聚烯烃混合物 (6)耐燃交联聚烯烃混合物 (7)其他
外装	(1)有 (2)无
外装的主要材料	(1)聚氯乙烯混合物 (2)耐热聚氯乙烯混合物 (3)耐燃聚烯烃混合物 (4)耐燃交联聚烯烃混合物 (5)其他
导体种类	(1)A 类 (2)其他

橡皮护套软电缆、聚氯乙烯护套软电缆型式区分如表 5-73 所示。

表 5-73

要素	区分
导体的标称截面积	(1)8.0mm^2 以下 (2)8.0mm^2～32mm^2 (3)32mm^2 以上
绝缘体的主要材料	(1)天然橡胶混合物 (2)丁基橡胶混合物 (3)乙丙橡胶混合物 (4)硅橡胶混合物(仅限加强了机械性强度时) (5)其他
外装的主要材料 (仅限聚氯乙烯护套软电缆)	(1)聚氯乙烯混合物 (2)耐热聚氯乙烯混合物
线芯	(1)单芯 (2)2 芯以上
线芯构成	(1)圆形 (2)平形 (3)其他

续表 5-73

要素	区分
类别 (仅限橡皮护套软电缆)	(1)1 类护套软电缆 (2)2 类护套软电缆 (3)3 类护套软电缆 (4)4 类护套软电缆 (5)2 类氯丁二烯护套软电缆 (6)3 类氯丁二烯护套软电缆 (7)4 类氯丁二烯护套软电缆 (8)2 类氯磺化聚乙烯橡皮护套软电缆 (9)3 类氯磺化聚乙烯橡皮护套软电缆 (10)4 类氯磺化聚乙烯橡皮护套软电缆 (11)2 类耐燃乙烯橡皮护套软电缆 (12)3 类耐燃乙烯橡皮护套软电缆 (13)硅橡胶护套软电缆 (14)其他
耐震性	(1)有 (2)无
金属制导体预应力钢丝	(1)有 (2)无

橡皮绝缘电线型式区分如表 5-74 所示。

表 5-74

要素	区分
导体的主要材料	(1)铜 (2)其他
导体横截面积	(1)多股线时标称截面积为 8.0mm^2,单股线时直径为 3.2mm (2)多股线时标称截面积为 8.0mm^2～32mm^2,单股线时直径超过 3.2mm (3)多股线时标称截面积超过 32mm^2
绝缘体的主要材料	(1)天然橡胶混合物 (2)丁基橡胶混合物 (3)氯丁二烯橡胶混合物 (4)乙丙橡胶混合物 (5)氯磺化聚乙烯橡胶混合物 (6)硅橡胶混合物(不包括加强了机械性强度) (7)硅橡胶混合物(仅限加强了机械性强度) (8)其他

续表 5-74

要素	区分
线芯	(1)单芯 (2)2 芯以上
主要用途	(1)普通固定配线用 (2)其他

2. 送样要求

(1)橡皮电线电缆产品，送样数量为 50m，导体截面大于 $16mm^2$ 的产品，送样数量应大于或等于 30m。详见表 5-75 橡胶电线电缆送样要求。

(2)聚氯乙烯电线电缆产品，送样数量为 50m，导体截面大于 $50mm^2$ 的产品，送样数量应大于或等于 30m。详见表 5-76 聚氯乙烯电线电缆送样要求。

表 5-75　橡胶电线电缆送样要求

中文名称	适用标准	型号	送样要求
橡皮绝缘电线	J60245—7(H20)	60245 IEC 04 60245 IEC 05 60245 IEC 06 60245 IEC 07	接近最小截面样品 1 件 接近最大截面样品 1 件，包括软导体时，应包括接近最大截面的第 2 种导体样品 1 件
单芯橡皮软线	J60245—3(H20)	60245 IEC 03	接近最大截面的样品 1 件
电缆	J60245—4(H21)	60245 IEC 53	每种型号接近最多芯数和最小截面样品 1 件 每种型号接近最少芯数和最大截面样品 1 件
护套软线		60245 IEC 57	
其他橡皮软线		60245 IEC 58 60245 IEC 58f	任意规格的样品 1 件，包括二芯圆形时，应送二芯圆形样品 1 件
橡皮护套软电缆		60245 IEC 66	接近最多芯数和最小截面样品 1 件，接近最少芯数和最大截面样品 1 件
橡皮护套软电缆	J60245—8(H23)	60245 IEC 86	每种型号接近最多芯数和最小截面样品 1 件 每种型号接近最少芯数和最大截面样品 1 件
袋形编织橡皮软线		60245 IEC 89(2 芯)	
圆形橡皮软线		60245 IEC 89	
绞合橡皮软线			

续表 5-75

中文名称	适用标准	型号	送样要求

注：1. 申请带有子单元的认证时，如果至少申请二个子单元，最大截面和/或最小截面的样品只需各送 1 件(总单元中的最大截面和最小截面)，其他子单元需要送最大、最小截面的样品可以选送任意截面的样品 1 件；最多芯数和/或最少芯数的样品只需各送 1 件(总单元中的最多和最少芯数)，其他子单元需要送最多、最少芯数的样品可以选送任意芯数的样品 1 件；圆形和扁形的样品只需各送 1 件，其他子单元需要送圆形和扁形的样品可以选送圆形或扁形的样品 1 件。

2. “接近最大”、“接近最小”、“接近最多”、“接近最少”是指与标准规格相差 1 个规格档的规格。

表 5-76　聚氯乙烯电线电缆送样要求

中文名称	适用标准	型号	送样要求
合成树脂绝缘电线	J60227—3(H20)	60227 IEC 01 60227 IEC 02	两个型号分别送： 接近最小截面的样品 1 件， 接近最大截面的样品 1 件
		60227 IEC 05 60227 IEC 06 60227 IEC 07 60227 IEC 08	硬导体任意截面样品 1 件，软导体任意截面样品 1 件，包括 60227 IEC 07 和 60227 IEC 08 产品时，其中 1 件样品应是 90℃型
电缆	J60227—4(H20)	60227 IEC 10	接近最小截面和最多芯数的样品 1 件，接近最大截面和最少芯数的样品 1 件
金属箔软线(合成树脂)	J60227—5(H23)	60227 IEC 41	任意截面样品 1 件
单芯聚氯乙烯软线		60227 IEC 43	所需型号各送任意截面样品 1 件
袋形编织聚氯乙烯软线		60227 IEC 52 60227 IEC 53 (扁形)	每种型号接近最多芯数和最小截面的样品 1 件 每种型号接近最少芯数和最大截面的样品 1 件
圆形聚氯乙烯软线		60227 IEC 52	
绞合聚氯乙烯软线			
护套软线		60227 IEC 53	
聚氯乙烯护套软电缆	J60227—7(H23)	60227 IEC 74 60227 IEC 75	接近最多芯数和最小截面的样品 1 件，接近最少芯数和最大截面的样品 1 件。包括屏蔽型时，其中 1 件样品应是屏蔽型电缆

续表 5-76

中文名称	适用标准	型号	送样要求
注:1. 申请带有子单元的认证时,如果至少申请二个子单元,最大截面和/或最小截面的样品只需各送 1 件(总单元中的最大截面和最小截面),其他子单元需要送最大、最小截面的样品可以选送任意截面的样品 1 件;最多芯数和/或最少芯数的样品只需各送 1 件(总单元中的最多和最少芯数),其他子单元需要送最多、最少芯数的样品可以选送任意芯数的样品 1 件;圆形和扁形的样品只需各送 1 件,其他子单元需要送圆形和扁形的样品可以选送圆形或扁形的样品 1 件。 2. 如果要代表 IEC 60227 任一型号的全部颜色,该型号应送外表是黑、白颜色的样品各 1 件,如果仅申请某些颜色,应送所申请的颜色的样品。 3."接近最大"、"接近最小"、"接近最多"、"接近最少"是指与标准规格相差 1 个规格档的规格。			

第八节 电子应用机械器具

一、概述

高频脱毛器属于 PSE 特定电气用品,高频脱毛器利用高频能量刺激毛囊,使毛囊细胞不再生长,从而保持长期脱毛效果的美容产品。如图 5-3 所示。

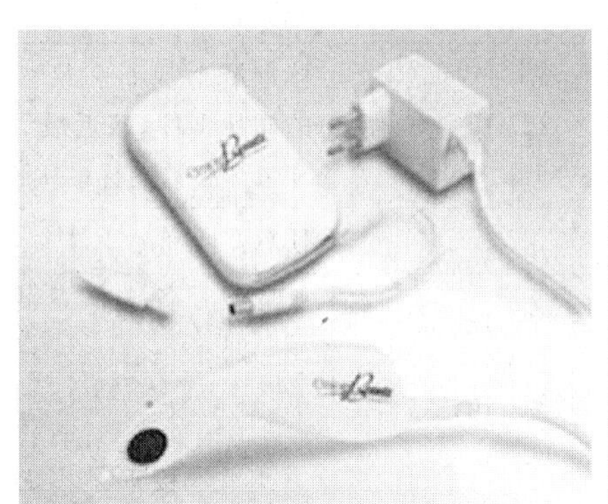
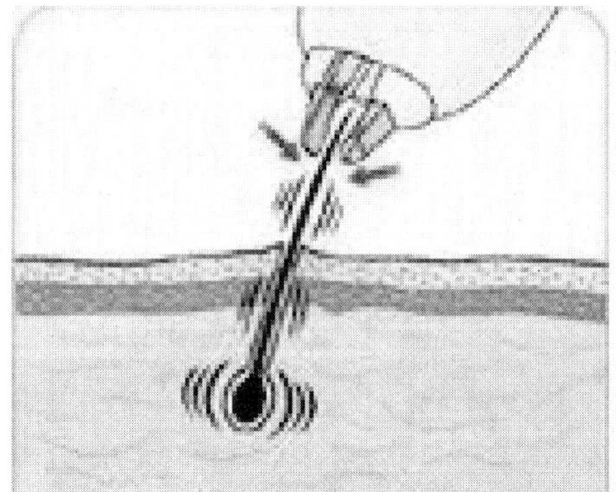

图 5-3

二、单元划分及送样要求

1. 单元划分原则

(1)电气原理相同;

(2)结构、材质、性能一致;

(3)型式区分均相同的多个型号产品可划为同一申请单元;

(4)同一制造商、同一产品型号、不同生产厂的产品应分为不同的申请单元。

高频脱毛器型式区分如表 5-77 所示。

表 5-77

要素	区分
额定电压	(1)125V 以下 (2)125V 以上
额定消耗电力	(1)5W 以下 (2)5W～10W (3)10W～20W (4)20W～30W (5)30W～40W (6)40W～50W (7)50W～60W (8)60W～70W (9)70W～80W (10)80W～90W (11)90W～100W (12)100W～200W (13)200W～300W (14)300W～400W (15)400W 以上
额定频率	(1)50Hz (2)60Hz
额定时间	(1)短时间额定 (2)连续额定
输出的调节	(1)可以 (2)不可以
器具开关	(1)有(2)无
器具开关的操作方式	(1)拨动式 (2)按钮式 (3)旋转式 (4)拉绳式 (5)电磁式 (6)其他
器具开关的接点材料	(1)银或银合金 (2)铜或铜合金 (3)其他
变压器	(1)有 (2)无
变压器线圈的绝缘等级	(1)A 级 (2)E 级 (3)B 级 (4)F 级 (5)H 级 (6)其他

续表 5-77

要素	区分
电源电线和器具之间的连接方式	(1)直接连接 (2)使用连接器
双重绝缘	(1)有 (2)无

2. 送样要求

主检型号送样数量为3台，申请人按认证机构的要求选送，并对选送样品负责，覆盖型号视情况而定。

三、电磁兼容的要求

1. 测试依据标准

测试依据J55001(H22)标准。基于器具本身工作的需要而使用的频率13.56MHz±6.78kHz，27.12 MHz±162.72kHz，40.68 MHz±20.34kHz，2450 MHz±50 MHz，5.8G Hz±75 MHz，在这些频率上无限值要求。具体要求如表5-78所示。

表 5-78

日本认证标准		
标准编号	标准名称	测试项目
J55001 (H22)	骚扰强度的要求	端子电压
		辐射场强

2. 骚扰电压

骚扰电压限值要求如表5-79。

表 5-79　骚扰电压技术要求

频率范围	限值(dBμV)
526.5kHz～5MHz	56
5MHz～30MHz	60

3. 辐射发射

辐射发射限值要求如表5-80。

表 5-80　辐射发射技术要求

频率范围		限值(dBμV/m)		
	测试距离	30m	10m	3m
526.5kHz～1606.5kHz		30	50	—

续表 5-80

频率范围		限值(dBμV/m)		
	测试距离	30m	10m	3m
1606.5kHz～30MHz		40 *	55 *	—
30MHz～90MHz		40 *	50 *	—
90MHz～108MHz		30	40	—
108MHz～170MHz		40 *	50 *	—
170MHz～222MHz		30	40	—
222MHz～470MHz		40 *	50 *	—
470MHz～770MHz		40	50	—
770MHz～1GHz		40 *	50 *	—
1GHz～18 GHz * *		40 *	50 *	60 *

注:1 星号 * 表示的限值需要根据产品的实测功率进行确认。

2 星号 * * 表示在 11.7－12.7GHz 频段,采用替代法测试,发射功率限值为 57dBpW。

①高频输出功率 $P \leqslant 500$W(直接使用表 3 限值)。

②高频输出功率 $P > 500$W,应遵循以下规则:

30m 法测试:辐射场强 $V = 20\log_{10}$ sqrt($20P$) (dB),P 为额定高频输出功率(W);

10m 法测试:$V + 15$(dB) [1606.5kHz～30MHz]

$V + 10$(dB) [30MHz～1000MHz]。

3m 法测试:$V + 20$dB [1GHz～18GHz]

换算时高频输出功率 P 的选择:$P \geqslant 2000$W 时,取 2000W;$1000\text{W} \leqslant P < 2000$W 时,取 1000W;$500\text{W} < P < 1000$W 时,以实际值代入公式计算。

第九节 变压器

一、概述

变压器产品属于 PSE 特定电气用品中变压器镇流器大类。

变压器产品分为 3 种类别,包括:玩具用变压器、家电机器用变压器、电子应用机械器具用变压器。家电机器用变压器类按照用途分为:剃须刀用变压器和剃须刀用电源装置、一般用途安全隔离变压器、开关型电源用变压器;电子应用机械器具用变压器按照用途分为:一般用途分离变压器、控制变压器、一般用途隔离变压器、一般用途安全隔离变压器、开关型电源用变压器。

变压器分类举例见表 5-81,适用标准详见表 5-82。

表 5-81　变压器分类举例

电气用品名称	产品实物照片	产品说明
玩具用变压器	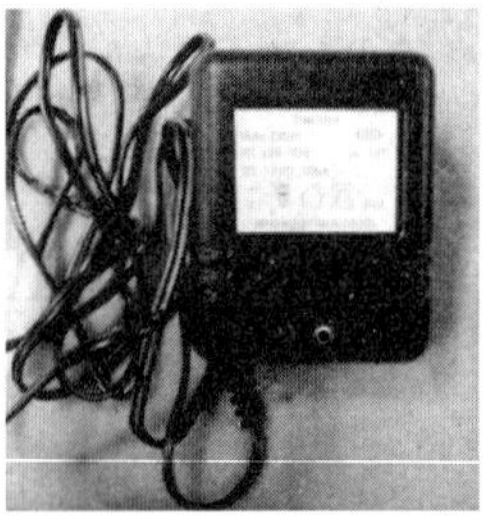	设计成给玩具供电、其额定输出电压不超过交流 24V 或无纹波直流 33V
剃须刀用变压器和剃须刀用电源装置	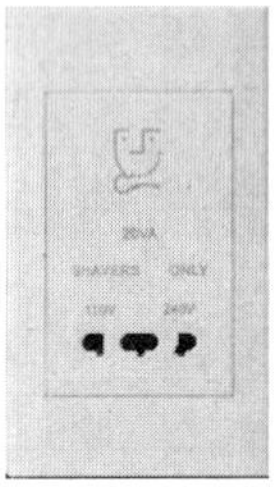	设计成一次只能给一个剃须刀或类似装置供电的用变压器，或装有剃须刀用变压器和一次只能使用一个插头的一个或几个插座的电气附件
一般用途安全隔离变压器		输入电路与输出电路满足加强或双重绝缘、空载输出电压不得超过交流 50V
开关型电源用变压器	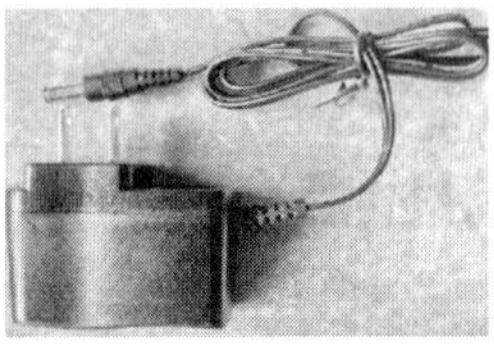	其工作频率不同于输入电路频率
一般用途分离变压器	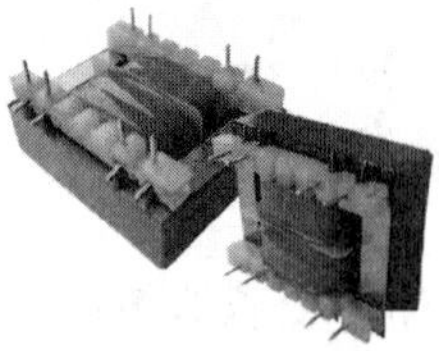	输入电路与输出电路至少满足基本绝缘要求
控制变压器		预定要给控制电路供电的分离变压器

续表 5-81

电气用品名称	产品实物照片	产品说明
一般用途隔离变压器		输入电路与输出电路满足加强或双重绝缘、空载输出电压超过交流 50V

表 5-82 变压器 PSE 认证适用标准

电器用品名称	日本认证标准	
	标准编号	标准名称
玩具用变压器	J61558—1(H21)	电力变压器、电源、电抗器和类似产品的安全 第1部分:通用要求和试验
	J61558—2-7(H21)	电力变压器、电源、电抗器和类似产品的安全 第2-7部分:玩具用变压器和电源的特殊要求和试验
剃须刀用变压器和剃须刀用电源装置	J61558—1(H21)	电力变压器、电源、电抗器和类似产品的安全 第1部分:通用要求和试验
	J61558—2-5(H21)	电力变压器、电源、电抗器和类似产品的安全第2-5部分:剃须刀用变压器和剃须刀用电源装置的特殊要求
一般用途安全隔离变压器	J61558—1(H21)	电力变压器、电源、电抗器和类似产品的安全 第1部分:通用要求和试验
	J61558—2-6(H21)	电力变压器、电源、电抗器和类似产品的安全 第2-6部分:安全隔离变压器的特殊要求和试验
开关型电源用变压器	J61558—1(H21)	电力变压器、电源、电抗器和类似产品的安全 第1部分:通用要求和试验
	J61558—2-17(H21)	电力变压器、电源装置和类似产品的安全 第2-17部分:开关型电源用变压器的特殊要求
一般用途分离变压器	J61558—1(H21)	电力变压器、电源、电抗器和类似产品的安全第1部分:通用要求和试验
	J61558—2-1(H21)	电力变压器、电源、电抗器和类似产品的安全 第2-1部分:通用分离变压器和装有分离变压器的电源的特殊要求和试验
控制变压器	J61558—1(H21)	电力变压器、电源、电抗器和类似产品的安全 第1部分:通用要求和试验
	J61558—2-2(H21)	电力变压器、电源、电抗器和类似产品的安全 第2-2部分:控制变压器的特殊要求
一般用途隔离变压器	J61558—1(H21)	电力变压器、电源、电抗器和类似产品的安全 第1部分:通用要求和试验
	J61558—2-4(H21)	电力变压器、电源、电抗器和类似产品的安全 第2-4部分:一般用途隔离变压器的特殊要求

二、单元划分及送样要求

1. 单元划分原则

(1)产品认证检验标准相同；

(2)结构、材质、性能等技术特征一致(详见表5-83)；

(3)型式区分均相同的多个型号产品可划为同一申请单元(详见表5-84～5-85)；

(4)同一制造商、同一产品型号、不同生产厂的产品应分为不同的申请单元。

表5-83　变压器产品单元划分细则

产品名称	单元划分细则
玩具用变压器	原则上同一申请单元同时符合： a. 铁芯型式(叠片、C型、R型、环型等)与铁芯材料 b. 骨架型式(单筒型、工字型、王字型、抽屉型、套筒型等) c. 绝缘耐热分级 d. 封装型式(开放式、封闭式、密封式等) e. 过载保护(无/有,类型) f. 额定工作频率范围 g. 工作环境温度 h. 外壳防护(IP等级) i. 移动性(驻立式、移动式)
家电机器用变压器 (包括： 剃须刀用变压器、 剃须刀用电源装置、 一般用途安全隔离变压器、 开关型电源用变压器)	原则上同一申请单元同时符合： a. 在同一个相关特殊要求的覆盖范围内 b. 单相/三相 c. 铁芯型式(叠片、C型、R型、环型等)与铁芯材料 d. 骨架型式(单筒型、工字型、王字型、抽屉型、套筒型等) e. 绝缘耐热分级 f. 封装型式(开放式、封闭式、密封式等) g. 过载保护(无/有,类型) h. 额定工作频率范围 i. 工作环境温度 j. 防触电保护(Ⅰ类/Ⅱ类) k. 外壳防护(IP等级) l. 移动性(驻立式、固定式、移动式、手持式)

续表 5-83

产品名称	单元划分细则
电子应用机械器具用变压器 (包括: 一般用途分离变压器、 控制变压器、 一般用途隔离变压器、 一般用途安全隔离变压器、 开关型电源用变压器)	原则上同一申请单元同时符合: a. 在同一个相关特殊要求的覆盖范围内 b. 单相/三相 c. 铁芯型式(叠片、C 型、R 型、环型等)与铁芯材料 d. 骨架型式(单筒型、工字型、王字型、抽屉型、套筒型等) e. 绝缘耐热分级 f. 封装型式(开放式、封闭式、密封式等) g. 过载保护(无/有,类型) h. 额定工作频率范围 i. 工作环境温度 j. 防触电保护(Ⅰ类/Ⅱ类) k. 外壳防护(IP 等级) l. 移动性(驻立式、固定式、移动式、手持式)

表 5-84 玩具用变压器、家电机器用变压器的型式区分

要素	区分
额定输入电压	(1) 125V 以下 (2) 超过 125V
额定输出电压	(1)7V 以下 (2)7V～15V (3)15V～25V (4)25V～50V (5)50V～100V (6)100V～200V (7)200V 以上
额定输出容量	(1)5VA 以下 (2)5VA～10VA (3)10VA～15VA (4)15VA～20VA (5)20VA～30VA (6)30VA～40VA (7)40VA～50VA (8)50VA～60VA (9)60VA～70VA (10)70VA～80VA (11)80VA～90VA (12)90VA～100VA (13)100VA～200VA (14)200VA～300VA (15)300VA～400VA (16)400VA 以上

续表 5-84

要素	区分
额定频率	(1)50Hz (2)60Hz
器体开关(仅限于开关主电路的情形)	(1)有 (2)无
器体开关的操作方式	(1)拨动式 (2)按扭式 (3)旋转式 (4)其他
器体开关接点的材料	(1)银或银合金 (2)铜或铜合金 (3)其他
输入端连接方式	(1)端子 (2)插入式 (3)利用软线组件 (4)其他
输出线圈数量	(1)1 (2)2 以上
输出线圈中间抽头	(1)有 (2)无
绝缘性填充物	(1)有 (2)无
输入线圈与输出线圈的结合方式	(1)单卷型 (2)绝缘型
电路保护机构	(1)有 (2)无
外壳材料	(1)金属 (2)合成树脂 (3)其他
线圈绝缘等级	(1)A 级 (2)E 级 (3)B 级 (4)F 级 (5)H 级 (6)其他
使用场所	(1)室外 (2)在室内的金属箱内 (3)其他

表 5-85 电子应用机械器具用变压器的型式区分

要素	区分
额定输入电压	(1)125V 以下 (2)125V 以上
额定输出电压	(1)25V 以下 (2)25V～50V (3)50V～100V (4)100V～200V (5)200V 以上
额定容量	(1)20VA 以下 (2)20VA～50VA (3)50VA～100VA (4)100VA 以上
额定频率	(1)50Hz (2)60Hz
电路保护机构	(1)有 (2)无
输入线圈与输出级线圈的结合方式	(1)单卷型 (2)绝缘型
线圈绝缘等级	(1)A 级 (2)E 级 (3)B 级 (4)F 级 (5)H 级 (6)其他

2. 送样要求

变压器(包括:玩具用变压器,家电机器用变压器,电子应用机械器具用变压器)

(1)单一型号 :送样数量为 9 只

(2)系列型号:

①主检样品:

额定输出功率最小(兼顾最大输出电压)送样数量为:5 只;

额定输出功率中等(兼顾中等输出电压)送样数量为:4 只;

额定输出功率最大(兼顾最小输出电压)送样数量为:7 只。

②覆盖样品:

每一种铁芯规格的变压器,送样数量为:1 只。

第十节　镇流器

一、概述

镇流器产品属于PSE特定电气用品中变压器镇流器大类。

镇流器产品分为4种，包括：荧光灯电感镇流器、荧光灯交流电子镇流器、水银灯及其他高压放电灯电感镇流器、水银灯及其他高压放电灯电子镇流器。

变压器镇流器分类举例见表5-86，适用标准详见表5-87。

表5-86　镇流器分类举例

电气用品名称	产品实物照片	产品说明
荧光灯电感镇流器		产品设计所接光源是荧光灯，产品一般是一个由漆包线和由矽钢片组成的铁芯绕制而成的电感，并且常常还需要与一个启辉器配套使用
荧光灯交流电子镇流器	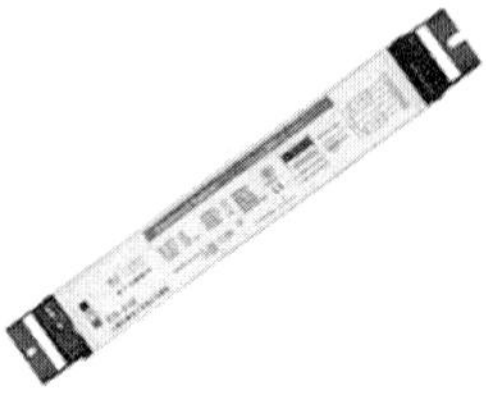	产品设计所接光源是荧光灯，产品一般是采用电子技术驱动电光源，使之产生所需照明的电子设备
水银灯电感镇流器及其他高压放电灯电感镇流器	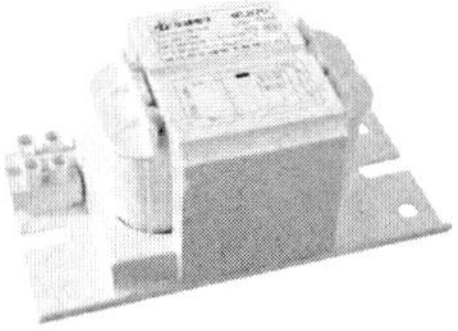	产品设计所接光源是水银灯或其他高压放电灯，产品一般是一个由漆包线和由矽钢片组成的铁芯绕制而成的电感，并且常常还需要与一个触发器配套使用
水银灯电子镇流器及其他高压放电灯电子镇流器		产品设计所接光源是水银灯或其他高压放电灯，产品一般是采用电子技术驱动电光源，使之产生所需照明的电子设备

表 5-87　镇流器 PSE 认证适用标准

电器用品名称	日本认证标准	
	标准编号	标准名称
荧光灯电感镇流器	J61347—1(H20)	灯的控制装置　第 1 部分：一般要求和安全要求
	J61347—2-8(H20)	灯的控制装置　第 2-8 部分：荧光灯用镇流器的特殊要求
	J55015(H20)	电气照明和类似器具无线电骚扰限值和测量方法
荧光灯交流电子镇流器	J61347—1(H20)	灯的控制装置　第 1 部分：一般要求和安全要求
	J61347—2-3(H20)	灯的控制装置　第 2-3 部分：荧光灯用交流电子镇流器的特殊要求
	J55015(H20)	电气照明和类似器具无线电骚扰限值和测量方法
水银灯电感镇流器及其他高压放电灯电感镇流器	J61347—1(H20)	灯的控制装置　第 1 部分：一般要求和安全要求
	J61347—2-9(H20)	灯的控制装置　第 2-8 部分：放电灯(荧光灯除外)用镇流器的特殊要求
	J55015(H20)	电气照明和类似器具无线电骚扰限值和测量方法
水银灯电子镇流器及其他高压放电灯电子镇流器	J61347—1(H20)	灯的控制装置　第 1 部分：一般要求和安全要求
	J61347—2-12(H21)	灯的控制装置　第 2-12 部分：放电灯(荧光灯除外)用直流或交流电子镇流器的特殊要求
	J55015(H20)	电气照明和类似器具无线电骚扰限值和测量方法

二、单元划分及送样要求

1. 单元划分原则

(1)产品认证检验标准相同；

(2)结构、材质、性能等技术特征一致(详见表 5-88)；

(3)型式区分均相同的多个型号产品可划为同一申请单元(详见表 5-89)；

(4)同一制造商、同一产品型号、不同生产厂的产品应分为不同的申请单元。

表 5-88　镇流器产品单元划分细则

产品名称	单元划分细则
荧光灯电感镇流器	原则上同一申请单元同时符合： a. 安装方式 b. 过热保护方式、类型及温度 c. 结构相似 d. 防触电 e. t_w
荧光灯交流电子镇流器	原则上同一申请单元同时符合： a. 安装方式 b. 过热保护方式、类型及温度 c. 结构相似 d. 防触电 e. PCB 排版、布局相近 f. 线路相同
水银灯及其他高压放电灯电感镇流器	原则上同一申请单元同时符合： a. 安装方式 b. 过热保护方式、类型及温度 c. 结构相似 d. 防触电 e. t_w
水银灯及其他高压放电灯电子镇流器	原则上同一申请单元同时符合： a. 安装方式 b. 过热保护方式、类型及温度 c. 结构相似 d. 防触电 e. PCB 排版、布局相近 f. 线路相同

表 5-89 荧光灯电感镇流器，荧光灯电子镇流器、水银灯和其他高压放电灯电感镇流器、银灯和其他高压放电灯电子镇流器的型式区分

表 5-89

要素	区分
额定输入电压	(1)125V 以下 (2)125V～230V (3)230V 以上
点灯回路形式	(1)电感式 (2)变压器式 (3)电子式 (4)其他

续表 5-89

要素	区分
额定频率	(1)50Hz (2)60Hz
功率因数	(1)高功率因数 (2)低功率因数
适用放电灯管的消耗功率(2 只或以上放电灯管时,用总消耗功率)	(1)10W 以下 (2)10W～20W (3)20W～30W (4)30W～40W (5)40W～60W (6)60W～100W (7)100W～150W (8)150W～200W (9)200W～300W (10)300W～400W (11)400W 以上
适用放电灯管种类	(1)预热型热阴极放电灯管 (2)瞬时启动型热阴极放电灯管 (3)瞬时启动型冷阴极放电灯管 (4)其他
适用放电灯管启动方式	(1)辉光启动式 (2)快速启动式 (3)瞬时启动式 (4)共振式 (5)半导体式 (6)其他
适用放电灯管数量	(1)1 只 (2)2 只 (3)3 只以上
适用放电灯管点灯方式 (限于灯管数 2 只或以上情况)	(1)频闪抑制式 (2)串联点灯式 (3)并联点灯式 (4)其他
改善功率因数的电容器 (除电子式以外)	(1)有 (2)无
改善功率因数的电容器连接方式 (除电子式以外)	(1)与电源并联连接 (2)与放电灯管串联连接 (3)其他
改善功率因数的线圈连接方式 (除电子式以外)	(1)有 (2)无
灌封物	(1)有 (2)无

续表 5-89

要素	区分
灌封物种类	(1)绝缘化合物 (2)热塑性树脂 (3)热硬化性树脂 (4)其他
初级和次级绕组的耦合方式 (限于变压器式情况)	(1)单绕组型 (2)绝缘型
外壳	(1)有 (2)无
外壳材料	(1)金属外壳 (2)其他
绕组绝缘等级	(1)A 级 (2)E 级 (3)B 级 (4)F 级 (5)H 级 (6)其他
使用场所	(1)户外,除电灯器具外 (2)室内外,除电灯器具外 (3)电灯器具用

2. 送样要求

(1)荧光灯电感镇流器

功率最大的荧光灯电感镇流器作为主检型号,选送样品 9 个;另提供未浸漆的半成品 1 个。绕组骨架、端盖 1 套。倘若需要加做高压脉冲,再补送 6 个,倘若带过热保护,需提供带 10%抽头的样品 1 个。

覆盖型号视情况而定,每个覆盖型号规格至少 1 个。

(2)荧光灯电子镇流器

功率最大的、带灯数最多的荧光灯电子镇流器作为主检型号,选送样品 6 个;如 PCB 板材无认证,需提供 10 块,尺寸为 130mm×13mm,材质为无覆铜裸板。

覆盖型号视情况而定,每个覆盖型号规格至少 1 台。

(3)水银灯及其他高压放电灯电感镇流器

功率最大的水银灯及其他高压放电灯电感镇流器作为主检型号,选送样品 9 个;另提供未浸漆的半成品 1 个。绕组骨架、端盖 1 套。倘若需要加做高压脉冲,再补送 6 个,倘若带过热保护,需提供带 20%抽头的样品 1 个。

覆盖型号视情况而定,每个覆盖型号规格至少 1 个。

(4)水银灯及其他高压放电灯电子镇流器

功率最大的水银灯及其他高压放电灯电子镇流器作为主检型号,选送样品 6 个;如 PCB 板材无认证,需提供 10 块,尺寸为 130mm×13mm,材质为无覆铜裸板。

覆盖型号视情况而定，每个覆盖型号规格至少1台。

三、电磁兼容的要求

1. 镇流器的电磁兼容要求

镇流器产品的电磁兼容测试按照J55015(H20)标准，技术要求如表5-90所示。

表5-90

日本认证标准		
标准编号	标准名称	测试项目
J55015(H20)	电气照明以及类似用途器具的无线电骚扰限值和测量方法	电源端子电压
		负载端子电压
		控制端子电压
		辐射骚扰
		骚扰功率

电源端子电压：按照J55015(H20)标准，端子电压在屏蔽室进行，技术要求如表5-91所示。

表5-91

测试项目	测试标准	频率范围(MHz)	限值(dBμV)	
			准峰值	平均值
电源端子电压	J55015 (H20)	0.15～0.5	66～56	56～46
		0.5 ～2.51	56	46
		2.51 ～3.0	73	63
		3.0～5.0	56	46
		5.0～30	60	50

负载端子电压：按照J55015(H20)标准，负载端子电压在屏蔽室进行，技术要求如表5-92所示。

表5-92

测试项目	测试标准	频率范围(MHz)	限值(dBμV)	
			准峰值	平均值
负载端子电压	J55015 (H20)	0.15～5.0	80	70
		5.0 ～30	74	64

控制端子电压：按照J55015(H20)标准，控制端子电压在屏蔽室进行，技术要求如表5-93所示。

表 5-93

测试项目	测试标准	频率范围（MHz）	限值(dBμV)	
			准峰值	平均值
控制端子电压	J55015（H20）	0.15～5.0	80	70
		5.0 ～30	74	64

辐射骚扰：按照 J55015(H20)标准，辐射骚扰需要采用三环天线进行测试，技术要求如表 5-94 所示。

表 5-94

测试项目	测试标准	频率范围（MHz）	限值(dBμA)		
			2m	3m	4m
辐射骚扰	J55015（H20）	0.15～2.2	58～26	51～22	45～16
		2.2 ～3.0	58	51	45
		3.0～30	22	15～16	9～12

骚扰功率：按照 J55015(H20)，骚扰功率在屏蔽室进行，技术要求如表 5-95 所示。

表 5-95

测试项目	测试标准	频率范围（MHz）	限值(dBpW)	
			准峰值	平均值
骚扰功率	J55015（H20）	30～300	45～55	35～45

第十一节　LED 球泡灯及灯具

一、概述

常见的照明产品如：白炽灯、荧光灯、台灯灯具、家用悬吊式荧光灯具、手提灯具、庭园灯具、装饰灯具、白炽灯灯具、放电灯灯具、广告灯具、充电式携带电灯，均为非特定电气用品的范畴，归属光源及光源应用机械器具大类。2012 年 7 月，新增了 LED 球泡灯及灯具。

1. LED 球泡灯

LED 球泡灯的适用范围：额定电压 100V～300V，50Hz 和/或 60Hz，额定功率 1W 及以上，有一个金属灯头。典型产品相片见表 5-96。

标准 JIS C 8156 适用的额定功率 60W 以下，额定电压＞50V，且≤或等于 250V，使用 E 形(包括 E11、E12/E15、E14/E20、E17/E20、E26/E25)，B 形(B22d)或 GX53 灯头的自镇流 LED 球泡灯，属于管制对象。

不在 JIS C 8156(2011)范围内,但同时满足以下 3 个条件的,现阶段也属于管制对象:(1)灯泡的形状为球形;

(2) 普通照明,用在家庭或类似场合;(3)灯头符合 JIS C 7709。

交流用电气机械器具分类详见表 5-96,适用标准详见表 5-97。

表 5-96 LED 球泡灯

电气用品名称	照片
LED 球泡灯	E26 26mm; E17 17mm; E14 14mm; E12 12mm; E11 11mm; EZ10 10mm; GU5.3 φ1.5 5.21 5.33mm

2. LED 灯具

LED 灯具的适用范围:额定电压 100V~300V,50Hz 和/或 60Hz,额定功率 1W 及以上的 LED 灯具(防爆灯具除外)。

需要注意的是,对于已纳入管制对象的产品,即使它使用 LED 光源,仍归在原管制对象范围,而不在 LED 灯具的管制范围内。

表 5-97 适用标准

电气用品名称	适用标准
LED 球泡灯	電気用品の技術上の基準を定める省令 別表第八令別表第 1 第 6 号から第 9 号まで及び別表第 2 第 7 号から第 11 号までに掲げる交流用電気機械器具並びに携帯発電機
LED 灯具	電気用品の技術上の基準を定める省令 別表第八令別表第 1 第 6 号から第 9 号まで及び別表第 2 第 7 号から第 11 号までに掲げる交流用電気機械器具並びに携帯発電機

二、单元划分及送样要求

1. 单元划分原则

(1)电气原理相同;

(2)结构、材质、性能一致;

(3)型式区分均相同的多个型号产品可划为同一申请单元;

(4)同一制造商、同一产品型号、不同生产厂的产品应分为不同的申请单元。表 5-98 为单元划分原则。

表 5-98

产品名称	单元划分原则
LED球泡灯	依据产品的额定电压或电压范围、额定输入功率 P($P \leqslant 10$W,10W$<P$),划分认证单元 同一认证单元内,控制装置的电路原理相同,灯头型号相同,PCB板布局相同
LED灯具	依据产品的额定电压或电压范围,光源种类,光源最大消耗功率 P($P \leqslant 60$W;60W$<P \leqslant 100$W;100W$<P \leqslant 300$W;300W$<P$),使用场所(室内、户外),防触电保护类型,结构(是否带有电动机、开关、变压器),电源连接方式,划分认证单元 同一认证单元内,安装方式相同,外壳防护等级、环境温度 t_a 相同,安装表面材料相同,灯的控制装置相同,使用同类的关键元器件或零部件

表5-99为型式区分。

表 5-99

产品名称	要素	区分
LED球泡灯	额定电压	(1) 125V及以下 (2) 大于125V
	额定功率	(1) 10W及以下 (2) 大于10W
LED灯具	额定电压	(1) 125V及以下 (2) 大于125V
	光源类型	(1) 荧光灯 (2) 水银灯 (3) 白炽灯 (4) LED灯 (5) 其他
	光源额定功率(广告灯除外)	(1) 60W及以下 (2)>60W~≤100W (3) >100W~≤300W (4) >300W
	光源额定功率(仅限广告灯)	(1) 100W及以下 (2) >100W~≤300W (3)>300W
	电动机	(1) 有 (2) 无
	电源开关	(1) 有 (2) 无
	变压器	(1) 有 (2) 无
	使用场所	(1) 户外 (2)室内
	电源连接方式	(1) 直接连接 (2) 利用接线器连接
	双重绝缘	(1) 有 (2) 无

2. 送样要求

表 5-100 为送样要求

表 5-100

产品名称	送样要求
LED 球泡灯	最大功率的 3 个;覆盖型号规格各 1 个
LED 灯具	最大功率的 3 个;覆盖型号规格各 1 个

三、电磁兼容的要求

电磁兼容测试按照电气用品技术基准省令第一项别表第八测试,具体技术标准如表 5-101 所示。

表 5-101

标准编号	标准名称	测试项目
电气用品技术基准省令第一项别表第八	电气用品骚扰强度测试方法	端子电压
		骚扰功率

电源端子电压:按照电气用品技术基准省令第一项别表第八开展,端子电压在屏蔽室进行,技术要求如表 5-102 所示。

表 5-102

测试项目	测试标准	频率范围(MHz)	限值(dBμV)
			准峰值
端子电压	电气用品技术基准省令第一项别表第八	0.5265～5	56
		5～30	60

电源端子电压:按照省令一项基电气用品省令一项基准别表第八附表 2 开展,端子电压在屏蔽室进行,技术要求如表 5-103 所示。

表 5-103

测试项目	测试标准	频率范围(MHz)	限值(dBpW)
			准峰值
骚扰功率	电气用品技术基准省令第一项别表第八	30～300	55

附录一

特定电气用品目录

特定电气用品列表(型式区分的品名)

一、電線 / 电线电缆 / Cables, Cords			
序号	日文	中文	英文
1	ゴム絶縁電線	橡胶绝缘电线	Rubber insulated cable
2	合成樹脂絶縁電線	合成树脂绝缘电线	Plastic insulated cable
3	ケーブル(導体の断面積が $22mm^2$ 以下のもの)(ゴムのもの)	电缆(导体标称截面积 $22mm^2$ 以下)(橡胶)	Cable (Rubber)
4	ケーブル(導体の断面積が $22mm^2$ 以下のもの)(合成樹脂のもの)	电缆(导体标称截面积 $22mm^2$ 以下)(合成树脂)	Cable (Plastic)
5	単心ゴムコード	单芯橡胶软线	Single-core rubber cord
6	より合わせゴムコード	绞合橡胶软线	Twisted rubber cord
7	袋打ちゴムコード	袋形编织橡胶软线	Textile braided rubber cord
8	丸打ちゴムコード	圆形编织橡胶软线	Round braided rubber cords
9	その他のゴムコード	其他橡胶软线	Other rubber cords
10	単心ビニルコード	单芯聚氯乙烯软线	Single-core PVC cords
11	より合わせビニルコード	绞合聚氯乙烯软线	Twisted PVC insulated cords
12	袋打ちビニルコード	袋形编织聚氯乙烯软线	Textile braided PVC cords
13	丸打ちビニルコード	圆形编织聚氯乙烯软线	Rounded braided PVC cords
14	その他のビニルコード	其他聚氯乙烯软线	Other PVC cords
15	単心ポリエチレンコード	单芯聚乙烯软线	Single-core polyethylene cords
16	その他のポリエチレンコード	其他聚乙烯软线	Other polyethylene cords

续表特定电气用品列表(型式区分的品名)

17	単心ポリオレフィンコード(合成樹脂)	单芯聚烯烃软线(合成樹脂)	Single-core polyolefine cord (Plastics)
18	その他のポリオレフィンコード(合成樹脂)	其他聚烯烃软线(合成樹脂)	Other polyolefine cords (Plastics)
19	キャブタイヤコード(ゴム)	护套软线(橡胶)	Sheathed flexible cord (Rubber)
20	キャブタイヤコード(合成樹脂)	护套软线(合成树脂)	Sheathed flexible cord (Plastics)
21	金糸コード(合成樹脂)	金属箔软线(合成树脂)	Tinsel cord (Plastics)
22	ゴムキャブタイヤケーブル	橡胶护套软电缆	Rubber sheathed flexible cable
23	ビニルキャブタイヤケーブル(ゴム)	聚氯乙烯护套软电缆(橡胶)	PVC sheathed flexible cable(Rubber)
24	ビニルキャブタイヤケーブル(合成樹脂)	聚氯乙烯护套软电缆(合成树脂)	PVC sheathed flexible cable (Plastics)
25	耐熱性ポリオレフィンキャブタイヤケーブル(合成樹脂)	耐热聚烯烃护套软电缆(合成樹脂)	Heat resisting polyolefine sheathed flexible cable (Plastics)
二、ヒューズ / 熔断器 / Fuses			
序号	日文	中文	英文
26	温度ヒューズ	热熔断器	Thermal-link
27	つめ付ヒューズ	链熔断器	Link fuse
28	管形ヒューズ	管状熔断器	Cartridge fuse
29	その他の包装ヒューズ	其他封闭式熔断器	Other enclosed fuses
三、配線器具 / 配线器具 / Wiring Devices			
序号	日文	中文	英文
30	タンブラースイッチ	翻转开关	Tumbler switche
31	中間スイッチ	软线开关	Switches in flexible cord
32	タイムスイッチ	定时开关	Time switche
33	ロータリースイッチ	旋转开关	Rotary switche
34	押しボタンスイッチ	按钮开关	Pushbutton switche
35	プルスイッチ	拉线开关	Pull switche
36	ペンダントスイッチ	悬吊开关	Pendant switche
37	街灯スイッチ	街灯开关	Streetlamp switche
38	光電式自動点滅器	光电式自动开关	Photoelectric automatic switche
39	その他の点滅器	其他开关	Other switche

续表特定电气用品列表(型式区分的品名)

40	箱開閉器	盒装开关	Box switche
41	フロートスイッチ	浮动开关	Float switche
42	圧力スイッチ	压力开关	Pressure switche
43	ミシン用コントローラー	缝纫机控制器	Sewing machine controller
44	配線用遮断器	配线用断路器	Molded case circuit breaker
45	漏電遮断器	漏电用断路器	Residual current operated circuit breaker
46	カットアウト	切断开关	Cutout
47	差込みプラグ	插塞插头	Attachment plug
48	コンセント	插座	Socket-outlet
49	マルチタップ	多插头插座	Multiple socket-outlet
50	コードコネクターボディ	电线连接器	Cord connector bodie
51	アイロンプラグ	电熨斗插头	Flatiron plug
52	器具用差込みプラグ	器具用插头	Appliance connector
53	アダプター	转换器	Adaptor
54	コードリール	卷线盘	Cord reel
55	延長コードセット	电线延长线组件	Cord extension set
56	その他の差込み接続器	其他插头连接器	Other plug coupler
57	ランプレセプタクル	灯座	Lamp receptacle
58	セパラブルプラグボディ	可分离插头	Separable plug body
59	その他のねじ込み接続器	其他螺旋式连接器	Other screw coupler
60	蛍光灯用ソケット	荧光灯座	Fluorescent lampholder
61	蛍光灯用スターターソケット	荧光灯启动器座	Fluorescent starter holder
62	分岐ソケット	分歧灯口	Split socket
63	キーレスソケット	无键插口	Keyless socket
64	防水ソケット	防水灯口	Waterproof socket
65	キーソケット	开关灯口	Key socket
66	プルソケット	抽拉灯口	Pull socket
67	ボタンソケット	按钮灯口	Pushbutton socket
68	その他のソケット	其他灯口	Other socket
69	ねじ込みローゼット	螺旋灯线盒	Screw-in rosette
70	引掛けローゼット	悬挂灯线盒	Hookup rosette

续表特定电气用品列表(型式区分的品名)

71	その他のローゼット	其他灯线盒	Other rosettes
72	ジョイントボックス	接线盒	Joint box
四、電流制限器 / 限流器 / Current Limiters			
序号	日文	中文	英文
73	アンペア制用電流制限器	安培制电流控制器	Meter rate current limiter
74	定額制用電流制限器	定额制电流限制器	Flat rate current limiter
五、変圧器・安定器 / 变压器,镇流器 / Transformers, Ballasts			
序号	日文	中文	英文
75	おもちゃ用変圧器	玩具变压器	Transformers for toy
76	その他の家庭機器用変圧器	其他家用器具变压器	Other household appliance transformer
77	電子応用機械器具用変圧器	电子应用机械器具用变压器	Electronic appliance transformer
78	蛍光灯用安定器	荧光灯镇流器	Ballasts for fluorescent lamps
79	水銀灯用安定器その他の高圧放電灯用安定器	水银灯镇流器及其他高压放电灯镇流器	Ballasts for mercury vapor lamps and ballasts for other high pressure discharge lamps
80	オゾン発生器用安定器	臭氧发生器镇流器	Ballasts for ozonizer
六、電熱器具 / 电热器具 / Electric Heating Appliances			
序号	日文	中文	英文
81	電気便座	电马桶座圈	Electric heated toilet seat
82	電気温蔵庫	电温柜	Electric hot cupboard
83	水道凍結防止器	水道结冻防止器	Electric pipe freeze prevention heater
84	ガラス曇り防止器	玻璃结露防止器	Glass dew-prevention heater
85	その他の凍結・凝結防止用電熱器具	其他冷冻及凝固防止用电热器具	Electric heaters for freeze and condensation prevention
86	電気温水器	电热水器	Electric storage water heater
87	電熱式吸入器	电热式吸入器	Electric inhalator

续表特定电气用品列表(型式区分的品名)

88	家庭用温熱治療器	家用热水治疗器	Household heating therapeutic appliance
89	電気スチームバス	电蒸汽浴室	Electric steam bath
90	スチームバス用電熱器	蒸气浴室用电加热器	Electric heaters for steam baths
91	電気サウナバス	电桑拿浴室	Electric sauna bath
92	サウナバス用電熱器	桑拿浴室用电加热器	Electric heaters for sauna baths
93	観賞魚用ヒーター	观赏鱼用电热器	Aquarium heater
94	観賞植物用ヒーター	观赏植物用电热器	Heating appliances for garden plants
95	電熱式おもちや	电热式玩具	Electric heated toy
七、電動力応用機械器具 / 电动力应用机械器具 / Electric Motor-operatied or Magnetically Driven Appliances			
序号	日文	中文	英文
96	電気ポンプ	电泵	Electric pump
97	電気井戸ポンプ	电井泵	Electric well pump
98	冷蔵用のショーケース	冷藏展示柜	Refrigerating showcase
99	冷凍用のショーケース	冷冻展示柜	Freezing showcase
100	アイスクリームフリーザー	冰淇淋机	Electric ice cream free zer
101	ディスポーザー	食物垃圾处理机	Electric food waste dis-poser
102	電気マッサージ器	电动按摩器	Electric massager
103	自動洗浄乾燥式便器	自动清洗干燥式马桶	Automatically washing and drying toilet
104	自動販売機	自动售货机	Vending machine
105	浴槽用電気気泡発生器	浴缸用电气泡发生器	Electric bubble genera-tors for bathtubs
106	観賞魚用電気気泡発生器	观赏鱼用电气泡发生器	Electric bubble genera-tors for aquariums
107	その他の電気気泡発生器	其他的电气气泡发生器	Other electric bubble generators
108	電動式おもちや	电动玩具	Electric motor-operated toy
109	電気乗物	电动车	Electric vehicle
110	その他の電動力応用遊戯器具	其他电动力应用游戏器具	Other electric motor-operated or electro-magnetically driven a-musement appliances

续表特定电气用品列表(型式区分的品名)

八、電子応用機械器具 / 电子应用机械器具 / Electronic Appliances			
序号	日文	中文	英文
111	高周波脱毛器	高频脱毛器	High-frequency depilator
九、その他の交流用電気機械器具 / 其他交流用电气机械器具 / Other AC Electric Appliances			
序号	日文	中文	英文
112	磁気治療器	磁疗器	Magnetic therapeutic appliance
113	電撃殺虫器	电击杀虫器	Electric insect killer
114	電気浴器用電源装置	电气浴器电源装置	Electric therapeutic bath controller
115	直流電源装置	直流电源装置	DC power supply unit
十、携帯発電機 / 携带发电机组 / Portable engine generators			
序号	日文	中文	英文
116	携帯発電機	携带发电机组	Portable engine generator
注:表中中、英文均为本书作者翻译,仅供参考。			

附录二

非特定电气用品目录

非特定电气用品列表(型式区分的品名)

一、電線 / 电线电缆 / Cables, Cords			
序号	日文	中文	英文
1	蛍光灯電線(合成樹脂のもの)	荧光灯电线(合成树脂)	Fluorescent lamp cable (Plastic)
2	ネオン電線(合成樹脂のもの)	霓虹灯电线(合成树脂)	Neon tube cable (Plastic)
3	ケーブル(導体の断面積が22mm²を超えるもの)(ゴムのもの)	电缆(导体公称断面积超过22mm²者)(橡胶)	Cable (having a conductor nominal cross-sectional area of more than 22 mm²) (Rubber)
4	ケーブル(導体の断面積が22mm²を超えるもの)(合成樹脂のもの)	电缆(导体公称断面积超过22mm²者)(合成树脂)	Cable (having a conductor nominal cross-sectional area of more than 22 mm²) (Plastics)
5	電気温床線(ゴムのもの)	电温床线(橡胶)	Floor heating cable (Rubber)
6	電気温床線(合成樹脂のもの)	电温床线(合成树脂)	Floor heating cable (Plastics)
二、ヒューズ / 熔断器 / Fuses			
序号	日文	中文	英文
7	筒形ヒューズ	筒状熔断器	Tubular fuse
8	栓形ヒューズ	栓型熔断器	Plug fuse /End contact plug fuse
三、配線器具 / 配线器具 / Wiring Devices			
序号	日文	中文	英文
9	リモートコントロールリレー	遥控继电器	Remote control relay
10	カットアウトスイッチ	断流开关	Cutout switche
11	カバー付ナイフスイッチ	带罩闸刀开关	Covered knife switche
12	分電盤ユニットスイッチ	配电盘组件开关	Panelboard unit switche

续表非特定电气用品列表(型式区分的品名)

13	電磁開閉器	电磁开关	Electromagnetic switche
14	ライティングダクト	灯轨	Lighting track
15	ライティングダクト用のカップリング	灯轨用联结器	Lighting track coupling
16	ライティングダクト用のエルボー	灯轨用肘管	Lighting track elbow
17	ライティングダクト用のティ	灯轨用丁字接头	Lighting track tee
18	ライティングダクト用のクロス	灯轨用交叉接头	Lighting track cross
19	ライティングダクト用のフィードインボックス	灯轨用馈入盒	Lighting track feed-in box
20	ライティングダクト用のエンドキャップ	灯轨用管端盖帽	Lighting track end cap
21	ライティングダクト用プラグ	灯轨用插销	Lighting track plug
22	ライティングダクト用アダプター	灯轨用适配器	Lighting track adaptor
23	その他のライティングダクトの附属品及びライティングダクト用接続器	其他灯轨附件及灯轨用连接器	Other lighting track fittings and connector
四、变压器・安定器 / 变压器,镇流器 / Transformers, Ballasts			
序号	日文	中文	英文
24	ベル用変圧器	电铃变压器	Transformers for bell
25	表示器用変圧器	指示器用变压器	Transformers for indicator
26	リモートコントロールリレー用変圧器	遥控继电器用变压器	Transformers for remote control relay
27	ネオン変圧器	霓虹灯变压器	Transformers for neon tube
28	燃焼器具用変圧器	燃烧器具用变压器	Transformers for fire lighter
29	電圧調整器	稳压器	Voltage regulator
30	ナトリウム灯用安定器	钠光灯用稳压器	Ballasts for sodium vapor lamp
31	殺菌灯用安定器	杀菌灯用稳压器	Ballasts for germicidal lamp
五、電線管 / 电线管 / Conduits			
序号	日文	中文	英文
32	金属製の電線管	金属制电线管	Metal conduits
33	一種金属製可撓電線管	一类金属制挠性电线管	Class I flexible metal conduit

续表非特定电气用品列表(型式区分的品名)

34	二種金属製可撓電線管	二类金属制挠性电线管	Class II flexible metal conduit
35	その他の金属製可撓電線管	其他金属制挠性电线管	Other flexible metal conduit
36	フロアダクト(金属製のもの)	地板下电线管(金属制)	Under-floor duct(Metal)
37	一種金属製線樋	一类金属线槽	Class I metal raceway
38	二種金属製線樋	二类金属线槽	Class II metal raceway
39	金属製のカップリング	金属制联结器	Metal coupling
40	金属製のノーマルベンド	金属制普通弯头	Metal normal bend
41	金属製のエルボー	金属制肘管	Metal elbow
42	金属製のティ	金属制丁字接头	Metal tee
43	金属製のクロス	金属制交叉接头	Metal cross
44	金属製のキャップ	金属制盖帽	Metal cap
45	金属製のコネクター	金属制连接器	Metal connector
46	金属製のボックス	金属制连结盒	Metal box
47	金属製のブッシング	金属制衬套	Metal bushing
48	その他の金属製電線管類又は可撓電線管の金属製の附属品	其他金属制电线管类或挠性电线管的金属制附件	Other metal fittings of rigid conduits or flexible conduit
49	金属製ケーブル配線用スイッチボックス	金属制电缆布线用开关盒	Metal cable wiring switch box
50	合成樹脂製電線管	合成树脂制电线管	Plastic conduit
51	合成樹脂製可撓管	合成树脂制挠性电线管	Plastic flexible conduit
52	合成樹脂製 CD 管	合成树脂制 CD 管	Plastic CD conduit
53	合成樹脂製等のカップリング	合成树脂等制联结器	Couplings of plastics and others
54	合成樹脂製等のノーマルベンド	合成树脂等制普通弯头	Normal bends of plastics and others
55	合成樹脂製等のエルボー	合成树脂等制肘管	Elbows of plastics and others
56	合成樹脂製等のコネクター	合成树脂等制连接器	Connectors of plastics and others
57	合成樹脂製等のボックス	合成树脂等制连接盒	Boxes of plastics and others
58	合成樹脂製等のブッシング	合成树脂等制衬套	Bushings of plastics and others
59	合成樹脂製等のキャップ	合成树脂等制盖帽	Caps of plastics and others

续表非特定电气用品列表(型式区分的品名)

60	その他の合成樹脂製電線管類又は可撓電線管の合成樹脂製等の附属品	其他合成树脂制电线管类或挠性电线管的合成树脂等制附件	Other rigid or flexible conduit fittings of plastics and others
61	合成樹脂製ケーブル配線用スイッチボックス	合成树脂制电缆布线用开关盒	Plastic cable wiring switch box
六、小形交流電動機 / 小型交流电机 / Small A. C. motors			
序号	日文	中文	英文
62	反発始動誘導電動機	推斥起动感应电动机	Repulsion start induction motor
63	分相始動誘導電動機	裂相起动感应电机	Split-phase start induction motor
64	コンデンサー始動誘導電動機	电容器起动感应电机	Capacity-start induction motor
65	コンデンサー誘導電動機	电容器感应电机	Capacity-run induction motor
66	整流子電動機	整流式电机	Commutator motor
67	くま取りコイル誘導電動機	罩极感应电机	Shaded-pole induction motor
68	その他の単相電動機	其他单相电机	Other single-phase motor
69	かご形三相誘導電動機	鼠笼式三相感应电机	Squirrel-cage three-phase induction motor
七、電熱器具 / 电热器具 / Electric Heating Appliances			
序号	日文	中文	英文
70	電気足温器	电暖足器	Electric foot warmer
71	電気スリッパ	电拖鞋	Electric slipper
72	電気ひざ掛け	电膝毯	Electric knee rug
73	電気座ぶとん	电座垫	Electric floor cushion
74	電気カーペット	电地毯	Electric carpet
75	電気敷布	电垫毯	Electric underblanket
76	電気毛布	电盖毯	Electric blanket
77	電気ふとん	电被子	Electric comforter
78	電気あんか	电热袋	Electric "anka"
79	電気いすカバー	电椅罩	Electric seat chair cover
80	電気採暖いす	电暖椅	Electric heated chair
81	電気こたつ	电被炉	Electric "kotatsu"
82	電気ストーブ	电热炉	Electric room heater

续表非特定电气用品列表(型式区分的品名)

83	電気火ばち	电火盆	Japanese electric heater
84	その他の採暖用電熱器具	其他取暖用电热器具	Other electric heating appliances for body heating purposes
85	電気トースター	电气烤面包机	Electric toaster
86	電気天火	电烤炉	Electric oven
87	電気魚焼き器	电烤鱼器	Electric fish roaster
88	電気ロースター	电烘烤器	Electric roaster
89	電気レンジ	微波炉	Electric range
90	電気こんろ	电炉	Electric buffet range
91	電気ソーセージ焼き器	电烤香肠器	Electric sausage roaster
92	ワッフルアイロン	烤蛋饼的夹板铁模	Electric waffle iron
93	電気たこ焼き器	电烤章鱼器	Electric "takoyaki" griddle
94	電気ホットプレート	电热板	Electric cooking hot plate
95	電気フライパン	电平底锅	Electric frying pan
96	電気がま	电饭锅	Electric rice cooker
97	電気ジャー	电壶	Electric jar
98	電気なべ	电锅	Electric deep frying pan
99	電気フライヤー	电炸炉	Electric fryer
100	電気卵ゆで器	电煮蛋器	Electric boiled egg maker
101	電気保温盆	电保温盆	Electric warming board
102	電気加温台	电加温台	Electric warm serving tray
103	電気牛乳沸器	电牛奶加热器	Electric milk warmer
104	電気湯沸器	电开水壶	Electric kettle
105	電気コーヒー沸器	电咖啡壶	Electric coffee maker
106	電気茶沸器	电茶壶	Electric tea server
107	電気酒かん器	电温酒器	Electric "sake" warmer
108	電気湯せん器	暖汤炉	Electric bains marie
109	電気蒸し器	电蒸笼	Electric steamer
110	電磁誘導加熱式調理器	电感加热式厨具	Induction cooking appliance

续表非特定电气用品列表(型式区分的品名)

111	その他の調理用電熱器具	其他电热厨具	Electric heating appliances for cooking purpose
112	ひげそり用湯沸器	剃须用热水器	Electric hot water heaters for shaving
113	電気髪ごて	电发钳	Electric curling iron
114	ヘヤーカーラー	电烫发器	Electric hair curler
115	毛髪加湿器	毛发加湿器	Electric hair steamer
116	その他の理容用電熱器具	其他理发用电热器具	Electric heating appliances for skin or hair care
117	電熱ナイフ	电热刀	Electric heated knive
118	電気溶解器	电溶器	Electric melter
119	電気焼成炉	电陶瓷窑	Electric pottery kiln
120	電気はんだごて	电烙铁	Electric soldering iron
121	こて加熱器	电烙铁加热器	Electric heaters for iron
122	その他の工作・工芸用電熱器具	其他手工用或工艺用电热器具	Electric heating tools for handwork or handcraft
123	タオル蒸し器	蒸毛巾器	Electric hot hand towel steamer
124	電気消毒器(電熱)	电消毒器	Electric sterilizer
125	湿潤器	电加湿器	Electric humidifier
126	電気湯のし器	电蒸汽熨烫机	Electric cloth steamer
127	投込み湯沸器	浸没式电热器	Electric immersion heater
128	電気瞬間湯沸器	即热式电热水器	Electric instantaneous water heater
129	現像恒温器	恒温显影器	Thermostatic developing tray
130	電熱ボード	电热板	Electric heating board
131	電熱シート	电热垫	Electric heating floor sheet
132	電熱マット	电热脚垫	Electric heating floor mat
133	電気乾燥器	电吹风	Electric dryer
134	電気プレス器	电压熨器	Electric cloth presser

续表非特定电气用品列表(型式区分的品名)

135	電気育苗器	电育苗器	Electric plant nursery
136	電気ふ卵器	电孵化器	Electric egg incubator
137	電気育すう器	电育雏器	Electric brooder
138	電気アイロン	电熨斗	Electric iron
139	電気裁縫ごて	电裁缝熨斗	Electric flatiron
140	電気接着器	电熔接器	Electric plastic welder
141	電気香炉	电香炉	Electric incense burner
142	電気くん蒸殺虫器	电蒸薰杀虫器	Electric insecticide waporizer
143	電気温きゅう器	电灸器	Electric moxibustion appliance
八、電動力応用機械器具 / 电动力应用机械器具 / Electric Motor-operatied or Magnetically Driven Appliances			
序号	日文	中文	英文
144	ベルトコンベア	皮带式输送机	Belt conveyor
145	電気冷蔵庫	电冰箱	Electric refrigerator
146	電気冷凍庫	电冷冻库	Electric freezer
147	電気製氷機	电制冰机	Electric ice maker
148	電気冷水機	电凉水器	Electric water cooler
149	空気圧縮機	空气压缩机	Electric air compressor
150	電動ミシン	电动缝纫机	Electric sewing machine
151	電気ろくろ	电拉坯轮	Electric pottery wheel
152	電気鉛筆削機	电削铅笔器	Electric pencil sharpener
153	電動かくはん機	电搅拌器	Electric stirring machine
154	電気はさみ	电剪刀	Electric scissor
155	電気捕虫機	电捕虫机	Electric insect trap
156	電気草刈機	电剪草机	Electric grass shear
157	電気刈込み機	电修枝机	Electric hedge trimmer
158	電気芝刈機	电剪草坪机	Electric lawn mower
159	電動脱穀機	电剥壳机	Electric decorticator
160	電動もみすり機	电碾米机	Electric rice hulling machine
161	電動わら打機	电打稻草机	Electric straw damper
162	電動縄ない機	电搓绳机	Electric straw-rope making machine

续表非特定电气用品列表(型式区分的品名)

163	選卵機	选卵机	Electric egg selector
164	洗卵機	洗卵机	Electric egg washer
165	園芸用電気耕土機	园艺用电耕机	Electric garden cultivator
166	昆布加工機	海带加工机	Electric sea-tangle processor
167	するめ加工機	干鱿鱼加工机	Electric dried squid processor
168	ジューサー	果汁机	Electric juice squeezer
169	ジュースミキサー	果汁搅拌机	Electric juice blender
170	フッドミキサー	食物混合器	Electric food processor
171	電気製めん機	电面条机	Electric noodle maker
172	電気もちつき機	电年糕机	Electric rice cake maker
173	コーヒーひき機	磨咖啡机	Electric coffee mill
174	電気缶切機	电开罐机	Electric can opener
175	電気肉ひき機	电绞肉机	Electric mincer
176	電気肉切り機	电切肉机	Electric meat shopper
177	電気パン切り機	电切面包机	Electric bread slicer
178	電気かつお節削機	鲣鱼干刨削机	Electric dried bonito planer
179	電気氷削機	电刨冰机	Electric ice flaker
180	電気洗米機	电淘米机	Electric rice washer
181	野菜洗浄機	洗菜机	Electric vegetable washer
182	電気食器洗機	洗碗机	Electric dishwasher
183	精米機	精米机	Electric rice polisher
184	ほうじ茶機	焙茶机	Electric tea leaf roaster
185	包装機械	捆包机	Electric wrapping machine
186	荷造機械	打包机	Electric packaging machine
187	電気置時計	电座钟	Electric table clock
188	電気掛時計	电挂钟	Electric wall clock
189	自動印画定着器	自动定影槽	Automatic print fixing bath
190	自動印画水洗機	自动冲洗器	Automatic print washer

续表

191	謄写機	腾印机	Electric mimeograph machine
192	事務用印刷機	办公用印刷机	Office printing machine
193	あて名印刷機	收件人名印刷机	Addressing machine
194	タイムレコーダー	时间记录器	Time recorder
195	タイムスタンプ	时间打戳机	Time stamp
196	電動タイプライター	电动打字机	Electric typewriter
197	帳票分類機	票据分类机	Electric account selector
198	文書細断機	碎纸机	Electric shredder
199	電動断裁機	裁纸机	Electric paper cutter
200	コレーター	配页机	Electric collator
201	紙とじ機	订书机	Electric stapler
202	穴あけ機	打洞机	Electric paper puncher
203	番号機	号码机	Electric numbering machine
204	チェックライター	验钞机	Electric check writer
205	硬貨計数機	硬币计数机	Electric coin counter
206	紙幣計数機	钞票计数机	Electric bill counter
207	ラベルタグ機械	标签机	Electric label-tagging machine
208	ラミネーター	覆膜机	Laminator
209	洗濯物仕上機械	衣物上浆定型机	Electric laundry finishing machine
210	洗濯物折畳み機械	衣物折叠机	Electric laundry folding machine
211	おしぼり巻き機	卷热手巾机	Electric hand towel rolling machine
212	おしぼり包装機	热手巾包装机	nd towel wrapping machine
213	自動販売機(特定電気用品を除く。)	自动售货机(特定电器用品除外)	Vending machine
214	両替機	兑换机	Money changer
215	理髪いす	理发椅	Electric barber chair
216	電気歯ブラシ	电牙刷	Electric toothbrush
217	電気ブラシ	电刷子	Electric brush
218	毛髪乾燥機	电吹风	Electric hair dryer
219	電気かみそり	电剃须刀	Electric shaver

续表非特定电气用品列表(型式区分的品名)

220	電気バリカン	电推剪	Electric hair clipper
221	電気つめ磨き機	电指甲抛光机	Electric nail polisher
222	その他の理容用電動力応用機械器具	其他理发用电动机械器具	Other electric motor-operated or magnetically-driven appliances for skin or hair care
223	扇風機	电风扇	Electric room fan
224	サーキュレーター	空气环流扇	Circulation fan
225	換気扇	换气扇	Ventilation fan
226	送風機	送风机	Blower
227	電気冷房機	电冷气机	Electric air conditioner
228	電気冷風機	电冷风机	Electric cooled air fan
229	電気除湿機	电除湿器	Electric dehumidifier
230	ファンコイルユニット	风机盘管机组	Electric fan coil unit
231	ファン付コンベクター	风扇式对流换热器	Electric fan convector
232	温風暖房機	热风暖气机	Electric hot-air heater
233	電気温風機	电温风机	Electric fan-forced air heater
234	電気加湿機	电加湿器	Electric humidifier
235	空気清浄機	空气清洁机	Electric air cleaner
236	電気除臭機	电消臭机	Electric deodorizer
237	電気芳香拡散機	电芳香扩散机	Electric fragrance diffuser
238	電気掃除機	吸尘器	Electric vacuum cleaner
239	電気レコードクリーナー	唱片清洁器	Electric record cleaner
240	電気黒板ふきクリーナー	电黑板擦清洁器	Electric blackboard eraser cleaner
241	その他の電気吸じん機	其他电吸尘器	Other electric dust absorber
242	電気床磨き機	电地板抛光机	Electric floor polisher
243	電気靴磨き機	电擦鞋机	Electric shoe polisher
244	運動用具又は娯楽用具の洗浄機	运动用具或娱乐用具的洗净机	Electric washing machines for sports or recreational goods
245	電気洗濯機	洗衣机	Electric washing machine

续表非特定电气用品列表(型式区分的品名)

246	電気脱水機	电甩干机	Electric spin extractor
247	電気乾燥機	烘干机	Electric tumbler dryer
248	電気楽器	电子乐器	Electric musical instrument
249	電気オルゴール	电子八音盒	Electric music box
250	ベル	电铃	Electric bell
251	ブザー	蜂鸣器	Electric buzzer
252	チャイム	电编钟	Electric chime
253	サイレン	警笛	Electric siren
254	電気グラインダー	电砂轮	Electric grinder
255	電気ドリル	电钻	Electric drill
256	電気かんな	电刨	Electric plane
257	電気のこぎり	电锯	Electric saw
258	電気スクリュードライバー	电螺丝刀	Electric screwdriver
259	電気サンダー	电砂光机	Electric sander
260	電気ポリッシャー	电抛光机	Electric polisher
261	電気金切り盤	金属切割机	Electric metal cutting machine
262	電気ハンドシャー	电剪刀	Electric hand shear
263	電気みぞ切り機	电挖槽机	Electric groover
264	電気角のみ機	电凿榫机	Electric mortiser
265	電気チューブクリーナー	电洗管机	Electric tube cleaner
266	電気スケーリングマシン	电除锈机	Electric scaling machine
267	電気タッパー	电攻丝机	Electric tapper
268	電気ナットランナー	电拧螺帽机	Electric nut runner
269	電気刃物研ぎ機	电刀刃研磨机	Electric cutting blade polisher
270	その他の電動工具	其他电动工具	Other electric power tools
271	電気噴水機	电喷泉	Electric fountain
272	電気噴霧機	电喷雾机	Electric mist sprayer
273	電動式吸入器	电吸入器	Electric inhalator
274	指圧代用器	指压代用器	Finger pressure (shiatu) simulator

续表非特定电气用品列表(型式区分的品名)

275	その他の家庭用電動力応用治療器	其他家庭电动力应用治疗器	Other electric motor-operated or magnetically driven appliances for household therapeutic use
276	電気遊戯盤	电游戏机	Electric game machine
277	浴槽用電気温水循環浄水器	浴槽用电温水循环净化器	Electric warm-water circulating/cleaning equipment for a bath (so called 24 hours operation whirlpool bath)
九、光源応用機械器具 / 光源应用机械器具 / Luminaries and optical appliances			
序号	日文	中文	英文
278	写真焼付器	照片扩印机	Photographic printer
279	マイクロフィルムリーダー	缩微胶片阅读器	Microfilm reader
280	スライド映写機	幻灯机	Slide projector
281	オーバーヘッド映写機	投影仪	Overhead projector
282	反射投影機	反射投影器	Episcope
283	ビューワー	观片器	Viewer
284	エレクトロニックフラッシュ	电子闪光灯	Electronic flash apparatus
285	写真引伸機	照片放大机	Photographic enlarger
286	写真引伸機用ランプハウス	照片放大机用灯箱	Lamphouse
287	白熱電球	白热灯泡	Incandescent lamp
288	蛍光ランプ	荧光灯	Fluorescent lamp
289	エル・イー・ディー・ランプ	LED 灯泡	LED lamp
290	電気スタンド	台灯	Pedestal lighting fixture
291	家庭用つり下げ型蛍光灯器具	家用荧光吊灯	Household pendant fluorescent lamp lighting fixture
292	ハンドランプ	手灯	Hand lamp
293	庭園灯器具	花园灯	Garden lighting fixture
294	装飾用電灯器具	装饰灯	Decorative lighting fixture
295	その他の白熱電灯器具	其他白热灯具	Other incandescent lamp fixtures

续表非特定电气用品列表(型式区分的品名)

296	その他の放電灯器具	其他放电灯具	Other electric discharge lamp fixture
297	エル・イー・ディー・電灯器具	LED照明灯具	LED lamp lighting fixture
298	広告灯	广告灯	Advertisement lamp
299	検卵器	检卵器	Egg tester
300	電気消毒器(殺菌灯)	电消毒器(杀菌灯)	Electric sterilizer(Sterilizing lamp)
301	家庭用光線治療器	家用光治疗器	Household therapeutic ray apparatus
302	充電式携帯電灯	充电式携带电灯	Rechargeable flashlight
303	複写機	复印机	Copying machine
十、電子応用機械器具 / 电子应用机械器具 / Electronic Appliances			
序号	日文	中文	英文
304	電子時計	电钟	Electronic clock
305	電子式卓上計算機	台式电子计算器	Electronic tabletop calculator
306	電子式金銭登録機	电子收款机	Electronic cash register
307	電子冷蔵庫	电子冰箱	Electronic refrigerator
308	インターホン	对讲门铃	Interphone
309	電子楽器	电子乐器	Electronic musical instrument
310	ラジオ受信機	收音机	Radio receiver
311	テープレコーダー	磁带录音机	Tape recorder
312	レコードプレーヤー	唱机	Record player
313	ジュークボックス	自动唱片点唱机	Juke box
314	その他の音響機器	其他音响机器	Other audio equipment
315	ビデオテープレコーダー	录像机	Video tape record
316	消磁器	消磁机	Demagnetizer
317	テレビジョン受信機	电视机	Television receiver
318	テレビジョン受信機用ブースター	电视机用增强器	Television receiver booster
319	高周波ウエルダー	高频电焊机	High frequency welder
320	電子レンジ	微波炉	Microwave oven
321	超音波ねずみ駆除機	超声波驱鼠器	Ultrasonic rat exterminator

续表非特定电气用品列表(型式区分的品名)

322	超音波加湿機	超声波加湿器	Ultrasonic humidifier
323	超音波洗浄機	超声波洗净器	Ultrasonic cleaner
324	電子応用遊戯器具	电子应用游戏机	Electronic amusement machine
325	家庭用低周波治療器	家用低频治疗器	Household low frequency therapeutic apparatus
326	家庭用超音波治療器	家用超声波治疗器	Household ultrasonic therapeutic apparatus
327	家庭用超短波治療器	家用超短波治疗器	Household ultrasonic ultrashort wave therapeutic apparatus
十一、その他の交流用電気機械器具 / 其他交流用电气机械器具 / Other AC Electric Appliances			
序号	日文	中文	英文
328	電灯付家具	带电灯的家具	Furnitures with lamp
329	コンセント付家具	有插座的家具	Furnitures with socket outlets
330	その他の電気機械器具付家具	其他带电器的家具	Other furnitures with electrical appliance
331	調光器	调光器	Electric light dimmer
332	電気ペンシル	电铅笔	Electric pencil
333	漏電検知器	漏电探测器	Leakage current detector
334	防犯警報器	防盗报警器	Burglar alarm
335	アーク溶接機	弧焊机	Arc welding machine
336	雑音防止器	防噪器	Radio interference suppression device
337	医療用物質生成器	医用物质生成器	Producers of medical materials
338	家庭用電位治療器	家用电位治疗器	Household electric-potential therapeutic apparatus
339	電気冷蔵庫(吸収式)	电冰箱(吸收式)	Electric refrigerator (absorption system)
340	電気さく用電源装置	电栅栏用电源装置	Electric fence energizer
十二、リチウムイオン蓄電池 / 锂电池蓄电池 / Lithium-ion batteries			
序号	日文	中文	英文
341	リチウムイオン蓄電池	锂电池蓄电池	Lithium-ion batterie
注:表中中、英文均为本书作者翻译,仅供参考。			

附录三

PSE相关机构介绍

中国质量认证中心简介

中国质量认证中心是由中国政府批准设立，被多国政府和多个国际权威组织认可的第三方专业认证机构，隶属中国检验认证集团。

中国质量认证中心始终致力于通过认证帮助客户提高产品和服务质量，促成各界的交流与合作，促进市场诚信体系与和谐社会建设。经过近30年的发展，已经成为业务门类全、服务网络广、技术力量强的一流质量服务机构，以比较高的信誉度和美誉度跻身世界知名认证品牌行列。

中国质量认证中心可提供安全与性能、节能环保与低碳、管理提升、国际认证及培训等各个领域的认证及相关技术服务。安全与性能认证覆盖工业品安全及性能、农产品、食品安全及网络安全；节能环保与低碳服务可满足客户在节能、节水、环境友好、新能源、应对气候变化服务及绿色设计评估(EUP指令)等诸多领域的需求；管理提升不仅能帮助企业对照质量、环境、食品安全、职业健康、社会责任等国际标准开展合格评定工作，更可深入企业实际开展供应商评审、一体化服务及品牌建设咨询；国际认证是认证中心运用技术手段降低或消除国际贸易中的技术壁垒，为外向型企业提供国际市场准入服务。培训业务以质量、节能、管理、计量和标准为主要内容，可根据客户需求量身定制培训课程，重在培养技术管理人才并传播先进的管理理念和经验。

服务网络与客户近在咫尺，在国内设有11个产品认证分中心和36个管理体系认证分支机构，在国外设有25个业务推广平台，可为客户提供高效优质的“一站式”服务。加入了主要的国际认证组织，与22个国家和地区的认证机构建立合作关系，可为客户提供国际认证的“本土化”服务。自主研发建设了认证业务电子网络系统，客户可通过互联网便捷地完成提交申请、报送材料、查询进度等操作。

技术力量使客户获得高附加值的质量服务成为现实，拥有上万人的认证专业团队，多人进入国际认证组织管理层或拥有国际认证资质，科研成果获得国家科学技术进步奖等殊荣。前沿性业务与国际接轨，高端服务产品深受市场欢迎。认证结果为政府采信、买方接受、社会认可。

中国质量认证中心一贯积极响应政府倡导和政策指引，始终密切关注质量提升和社会消费的趋势，牢固坚持客户至上的服务宗旨，正在朝着社会公信力高，有更强创新能力、市场竞争能力和可持续发展能力的全球认证机构的目标大步迈进。

中国质量认证中心国际资质：

(1)国际电工委员会电工设备及零部件合格评定组织—测试证书互认体系(IECEE—CB)；

(2)中国国家认证机构(NCB)；

(3)国际认证联盟(IQNet)中国成员机构；

(4)国际有机农业运动联盟(IFOAM)成员；

(5)国际机动车检测委员会(CITA)中国唯一成员；

(6)全球良好农业规范(GLOBALG. A. P)授权的 GLOBALGAP 认证机构、正式会员；

(7)联合国气候变化框架公约清洁发展机制(CDM)执行理事会授权的温室气体项目审定与核查机构；

(8)亚洲网络论坛(ANF)正式成员；

(9)日本强制性安全认证(PSE)中国授权机构；

(10)荷兰交通管理局(RDW)认可的从事欧洲机动车工厂检查服务机构；

(11)沙特阿拉伯标准局(SASO)认可的中国认证机构。

中国质量认证中心认证结果：

(1)进入中国《节能产品政府采购清单》的必要条件；

(2)国家“节能产品惠民工程”、“金太阳示范工程”及高效照明财政补贴等政策支持的重要条件；

(3)政府及企事业单位招投标工作的重要依据；

(4)消费者选购商品的重要参考。

中国/北京/丰台区南四环西路 188 号 9 区(100070)

T:86—10—83886666

F:86—10—83886000

W:www. cqc. com. cn

福建省产品质量检验研究院

福建省产品质量检验研究院(原福建省中心检验所，以下简称福建省质检院)于 1964 年经福建省人民政府批准成立，是隶属于福建省质量技术监督局的第三方综合性认证检测机构。

福建省质检院实验室面积 30000 多平方米，仪器设备 8000 多台(套)，固定资产 2.1 亿元，收存各类国内外标准资料十多万份，在职员工 466 人。从 2002 年福建省质检院按 ISO/IEC17025 标准通过了国家实验室认可复评审，目前已获得 CNAS 认可的标准达 5200 多个，范围覆盖电气、电子、建材、食品、塑料、轻工、机械、化工、消防、环保等 60 大类 2000 多种产品。目前福建省质检院已经拥有了六个国家级检测中心，分别为：国家塑料制品质量监督检验中心、国家加工食品质量监督检验中心、国家电子信息产品质量监督检验中心、国家中小型电机产品质量监督检验中心、国家低压开关电器产品质量监督检验中心及国家建筑装饰装修产品监督检验中心。

从2002年起，福建省质检院成为第一批国家认监委授权的CCC指定实验室，开始承担CCC产品认证检测工作，经过多年的发展，目前可以从事CCC检测产品范围涵盖低压电器、信息技术设备、音视频设备、电线电缆、小功率电动机、电器附件、照明设备、玩具、溶剂型木器涂料、瓷质砖等10大类产品。此外，福建省质检院还是中国质量认证中心的签约实验室，可以从事45类产品的CQC认证标志以及24小类的CQC节能、节水认证标志的检测。

中国/福建/福州市鼓楼区杨桥西路山头角121号(350002)

T:86－591－83774485

F:86－591－83710867

W:www.fcii.net

E-mail:lintong12350@163.com

广东产品质量监督检验研究院(国家质量技术监督局广州电气安全检验所)

广东产品质量监督检验研究院(简称广东质检院，英文简称GQI)成立于1983年9月，又名国家质量技术监督局广州电气安全检验所，是国家质量监督检验检疫总局和广东省质量技术监督局属下的法定第三方专门从事产品质量检验和认证的机构、中国合格评定国家认可委员会(CNAS)认可的国家级实验室和检查机构、国际电工委员会电工设备及元件合格评定体系组织(IECEE)认可的国际CB实验室、中国国家认证认可监督管理委员会(CNCA)指定的国家强制性产品认证(CCC)检测机构、中国质量认证中心(CQC)等国家级认证机构签约的实验室、是广东省质量技术监督局指定的产品质量鉴定组织单位、广东省高级人民法院注册认可的鉴定机构。广东质检院已取得84大类，3450多个产品及项目的检测、检查及校准的国际和国家资质，涉及标准近9000个。

广东质检院作为中国质量认证中心日本PSE产品认证授权检测实验室，可以直接承担日本《电气用品安全法》规定的“特定电气用品”菱形PSE认证和“非特定电气用品”圆形PSE认证的检测工作。菱形PSE认证检测范围包括：电线电缆、熔断器、配线器具、限流器、变压器/镇流器、电热器具、电动力应用机械器具、其他交流用电气机械器具，共八大类90种产品。

中国/广州/海珠区新港东路海诚东街6号(510330)

T:86－20－89232351

F:86－20－89232876

W:www.gqi.org.cn

E-mail:ci@gqi.org.cn

国家广播电视产品质量监督检验中心(北京泰瑞特检测技术服务有限责任公司)

国家广播电视产品质量监督检验中心成立于1983年,是具有第三方公正地位的国家级检验机构,是国内最早开展音视频产品整机全性能检测的检验机构,国内最早从事出口产品认证业务的检验机构,国内唯一的国家数字电视产品检测实验室,国内第一批CB实验室,国内第一批CCC认证检验实验室。

主要从事数字电视产品、音视频产品、信息技术设备、照明电器、小家电等产品的国内外认证检验工作,同时负责国家及行业标准的起草制定工作。

现有工作面积9500平方米,固定资产人民币约4463万元,拥有1200多台套检验仪器,其中5万元以上设备156余台套的检验仪器,有八座大型屏蔽室,一座3米法半电波暗室,两座大型消声室,一座10米法(含3米法)开阔场。工作人员近百名,强制性产品认证工厂检查员30余人,ISO 9000注册审核员20余人,工程师及高级工程师占职工总数65%以上。

中国/北京/朝阳区酒仙桥北路乙七号(100015)

T:86-10-59570476

F:86-10-59570553

W:www.tirt.com.cn

E-mail:business@tirt.com.cn

宁波出入境检验检疫局检验检疫技术中心汽车零部件检测中心(宁波汽车零部件检测有限公司)

中心成立于2007年11月,位于浙江省宁波市鄞州区投资创业中心金谷南路9号,注册资本6388万元,总投资1.2亿元,占地面积16亩,总建筑面积超过12500m²。目前主要有机动车零部件实验室、通用环境实验室、通用材料实验室、电子电器实验室、模拟碰撞实验室、灯具实验室、家用电器实验室。拥有仪器设备330多台/套。

中心先后获得CNAS实验室认可和计量认证,是国家认可的CCC指定实验室,中国质量认证中心(CQC)认定的委托实验室。同时是美国、澳大利亚、荷兰、西班牙、德国、沙特等国家认证机构认可的出口认证指定试验室。

中心秉持着"服务行业、服务政府、服务社会"的宗旨,为汽车及零部件、家用电器企业提供产品检测、技术咨询、专业培训等一系列技术服务。并获得了国家及宁波市等相关政府部门的众多荣誉:2011年获得国家工业和信息化部授予的首批"国家中小企业公共服务示范平台"称号,2009年、2010年和2011年连续三年获得宁波市人民政府授予的"宁波创业创新风云榜"之"宁波市优秀企业公共服务平台"称号,2012年获得宁波市服务业十佳"创新之星"企业称号。

中心2012年通过了日本经济产业省组织的PSE评审，成为了PSE认可的检测实验室，获得家用电器、LED灯具等产品的检测授权，从而成为中国地区第10家(包含香港)，也是全国检验检疫系统第一家拥有菱形PSE资质的授权检测实验室。

中国/浙江宁波/鄞州区金谷南路99号(315104)

T:86－574－28888222

F:86－574－28888200

W:www.catarc-nb.cn

E-mail:jiangzhizhi@catarc.ac.cn

上海电器设备检测所

上海电器设备检测所(STIEE)作为国家低压电器质量监督检验中心、国家中小电机质量监督检验中心、国家智能电网用户端产品(系统)质量监督检验中心承担了产品质量国家监督抽查、中国强制性产品认证(CCC)认证、科技成果鉴定、性能试验、可靠性试验、自愿性产品认证、节能产品认证测试、电磁兼容性(EMC)测试、环境适应性试验及各类委托检验。

上海电器设备检测所共有CNAS授权范围的标准约711个，按标准类别分：国家标准351个，行业标准148个，IEC标准161个，其他国标标准51个。

上海电器设备检测所作为中国质量认证中心签约实验室，中国国家进出口商品检验(CCIB)认可实验室，IECEE组织的CB实验室，UL数据交换合作体系(TPTDP)实验室，美国NVLAP认可实验室(NVLAP Lab. Code：200407－0)，TüV、CSA、IMQ等国际认可机构的签约实验室，VDE、KEMA、ITS的合作实验室，可为您提供全方位、量身定做的一站式服务。

中国/上海/武宁路505号(200063)

T:86－21－62574990＊568

F:86－21－62578432

W:www.seari.com.cn

E-mail:yanbl@seari.com.cn

上海市质量监督检验技术研究院　电子电器家用电器质量检验所

上海市质量监督检验技术研究院(缩写:SQI)是公益科研类政府实验室，也是国家级产品质量监督检验研究院，综合实力在国内处于领先地位。电子电器家用电器质量检验所(缩写:SQI_DZ)是上海市质检院的二级技术单位。

SQI_DZ是国内第一批IECEE－CB认可实验室(CBTL)，可以在电工产品的CAP，CONT，E3，HOUS，INST，LITE，MISC，OFF，PROT，SAFE，TOOL，TRON等12大领

域认可和颁发CB报告。可以在熔断器、配线器具、变压器、电热器具、电动力应用机械器具、其他交流用电气机械器具等七大类领域52个产品出具PSE(日本强制性市场准入制度特定电器用品)报告。

同时,SQI_DZ还具有以下检测资质:

(1)国家电器能效与安全质量监督检验中心;

(2)中国商业联合会交电家电商品质量监督检验测试中心(上海);

(3)CCC强制性产品认证指定检验机构;

(4)CE认证检测机构;

(5)国家认监委TC03电子强制性产品认证技术专家组(副组长单位);

(6)能效标识能源效率检测备案实验室;

(7)CQC、CESI、ISCCC签约检测实验室;

(8)能效标识检测实验室数据一致性核验项目标定实验室;

(9)消费电子产品信息化指数评测机构授权实验室;

(10)CEC中国环境标志产品认证签约实验室;

(11)CQC、CGC太阳能光伏产品金太阳认证签约实验室;

(12)中轻联自愿性产品认证检测机构;

(13)工业产品生产许可证产品检验机构;

(14)食品相关产品生产许可证产品检验机构;

(15)RoHS认证检测实验室;

(16)CSA、FCC、BSI、IMQ、科码质量认证(香港)、NEMKO、SASO、Intertek、SGS等机构授权、签约或者合作实验室。

中国/上海/闵行区江月路900号(201114)

T:86－021－54336280

F:86－021－54336281

W:www.sqi.org.cn

E-mail:yuym@sqi.org.cn

威凯检测技术有限公司

威凯检测技术有限公司(以下简称:CVC威凯),成立于1958年,是中国电器科学研究院有限公司下属专业从事检测评价业务的第三方技术服务机构,总部设在广州科学城,在广州、嘉兴、武汉、中山、兰州等地拥有超过10万平方米的试验室;在佛山、北京、香港等地均设立了服务网点。

CVC威凯是亚洲认可标准最多的CB实验室之一,国家认监委(CNCA)授权的CCC认证检测机构、体系和产品认证机构,国家认可委(CNAS)认可的国家重点实验室、检查机构、能力验证机构,中国质量认证中心(CQC)签约实验室,专门致力于产品认证、管理体系认证、产品检测、计量校准、验货、培训以及包括能力验证、实验室建设、标准研究等在内的全方位技术服务。

CVC威凯服务领域涉及家用电器、信息技术设备、音视频产品、电气附件、照明产品、玩具与儿童用品、汽车及其零部件、电池、材料、医疗器械、压缩机、电机、电焊机、内燃机、机械等行业。

作为中国质量认证中心(CQC)签约实验室,CVC威凯目前可以承担电线电缆、熔断器、配线器具、限流器、变压器/镇流器、电热器具、电动力应用机械器具、电子应用机械器具、其他交流用电气机械器具、携带发电机等10大类产品的日本PSE认证检测工作,为企业提供便捷高效的本地化服务。

中国/广州/科学城开泰大道天泰一路3号(510663)

T:86－20－32293888

F:86－20－32293889

W:www.cvc.org.cn

E-mail:office@cvc.org.cn

香港标准及检定中心

香港标准及检定中心成立于1963年,为全港首间独立、非牟利的测试、检验及认证机构。本中心于世界各地多处设置办事处,为各界不同类别的工商业提供服务。本中心自成立以来,诚意帮助客户的产品开拓及发展,一直竭力紧贴日新月异的科技发展及标准,于国际市场间受到认同。

本中心设有多个备有先进设备的实验室,可提供测试及认证服务的产品种类繁多,确保产品在安全、质量、可信性及平均表现等各方面,均符合标准要求。中心的认可检验员能为制造业提供工厂生产线审查,确保产品达到合约上的承诺;本中心专业人员也可为制造商提供改善生产质量系统的方案,达到国际标准及社会目标。

除此之外,为使客户能直接方便地得到所需服务,体现我们高质素服务的承诺,香港标准及检定中心在多处地方设立分公司及办事处,为该区提供测试及技术支持服务,包括有深圳、佛山、东莞、广州、福建、上海、北京及英国伦敦和美国纽约,服务范围遍及多处地方。

本中心是香港唯一一所中国CB测试实验室,亦是香港第一个实验室取得中国合评定国家认可委员会(CNAS)、美国联邦通讯委员会(FCC)及德国认可委员会(DAR)的认可。我们更是全港唯一能够提供影音产品整套电磁波兼容测试、Tencel/Lyocell纤维鉴定及香港HOKLAS认可安全套测试的验证机构。1999年,本中心的鞋类服务亦获得世界知名的研究及技术中心——英国莎楚技术中心(SATRA)的认可。2012年,STC更成为全港首间承担中国强制性产品认证(CCC)的检测实验室。

香港新界大埔大埔工业村大宏街10号

T:＋852 2666 1888

F:＋852 2664 4353

W:www.stc－group.org/en

E-mail:hkstc@hkstc.org

中国家用电器研究院(中国家用电器检测所)

中国家用电器检测所(CTIHEA)隶属于中国家用电器研究院(CHEARI),是国家家用电器质量监督检验中心所在单位。是我国首批 IECEE CB 实验室之一,也是中国国家认证认可监督管理委员会制定的强制性产品认证检测机构之一,同时还是与国内外多家认证机构签约的认可实验室。

目前已经获得中国合格评定国家认可委员会(CNAS)认可的检验产品类别包括:家用电器、商用电器、照明器具、金融机具(人民币伪钞鉴别仪)、IT 及 AV 设备、电动工具、小功率电动机、办公器具、电器附件及家用电器配件、玩具、RoHS、化学、微生物等产品的安全、性能、电磁兼容和能源之星等 12 类,554 个项目参数,782 项标准。

可承担日本 PSE 检验产品的类别包括:配线器具、变压器和镇流器、电热器具、电动力应用机械器具、其他交流用电气机械器具等 4 类,涉及日本第二项检验标准共 36 项。

CB 检测能力覆盖:CAP,CONT,E3,HOUS,INST,LITE,OFF,SAFE,TOOL,TRON 等 10 大类产品,共计 63 个项目参数,94 项 IEC 标准。

目前开展的国际认证检验项目,除 CB 检测外,还包括:日本 PSE 认证、美国能源之星、澳洲能效、澳洲羊毛局羊毛洗涤、WHO 冷链设备、VDE 认证、沙特能效标签认证、肯尼亚认证、CFCs 替代评估等。

中国/北京/北京市经济技术开发区博兴八路 3 号(100176)

T:+86-10-58083699

F:+86-10-58083777

W:www.cheari.com

E-mail:testing@cheari.com

中国赛宝实验室

中国赛宝实验室质量安全检测中心(以下简称质检中心)是工业和信息化部电子第五研究所的主要业务机构之一,专业从事电子、电器产品的检测、鉴定和评价,是行政上、经济上都独立于产品制造方和产品使用方的非营利第三方检测机构。

质检中心承担着中国强制性产品认证(CCC)、自愿性产品认证等检测与工厂审核的任务,以及工业产品生产许可证确认检验、生产领域和流通领域质量监督抽查的产品检测工作,还与国外知名检测机构 UL、TUV、CSA 等有密切的合作。除承担政府及有关国家机构下达的任务外,质检中心还积极面向社会,热忱为客户提供优质、高效的服务。经过半个多世纪的积累与发展,客户遍及世界主要进出口贸易国。

到 2013 年底,中心顺利通过 IECEE 专家的扩项评审,可出具 CB 报告的 IEC 标准项目增至156项，涉及音视频产品、信息技术及办公设备、电容、开关及控制器类、附件、线缆、安全变压器、家用电器、照明设备、杂项、能效、电池、汽车充电桩等13大类别等几大类产品。作为中国质量认证中心日本PSE产品认证授权检测实验室，可以承担日本《电气用品安全法》规定的“特定电气用品”菱形PSE认证和“非特定电气用品”圆形PSE认证的检测工作。质检中心获得授权的菱形PSE检测范围包括：变压器/镇流器、电热器具、电动力应用机械器具、其他交流用电气机械器具。

中国/广州/天河区东莞庄路110号101楼质量安全检测中心（510610）

T：86—20—85131131

F：86—20—87236171

W：www. ceprei. biz

E-mail：Market@ceprei. biz